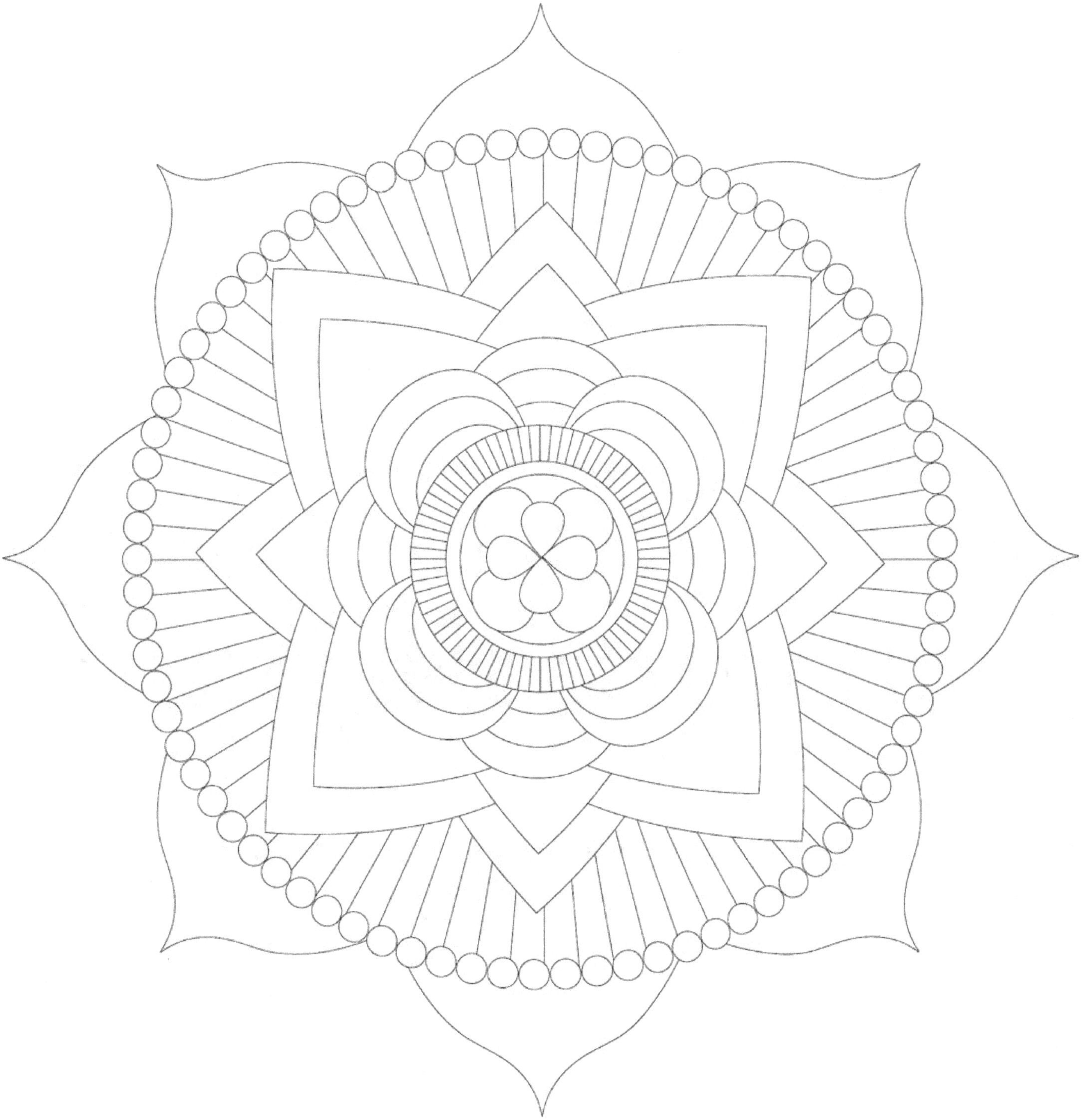

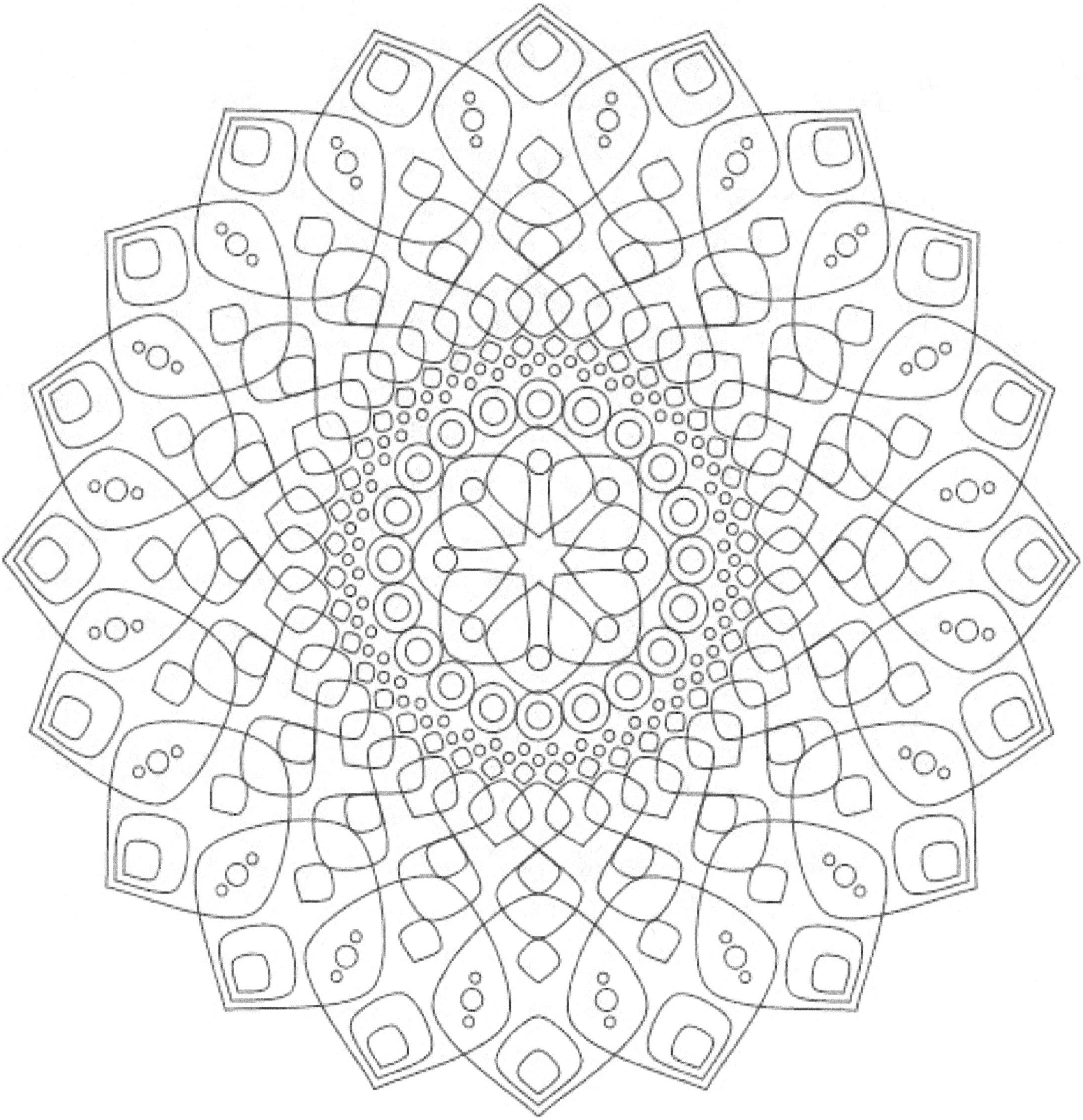

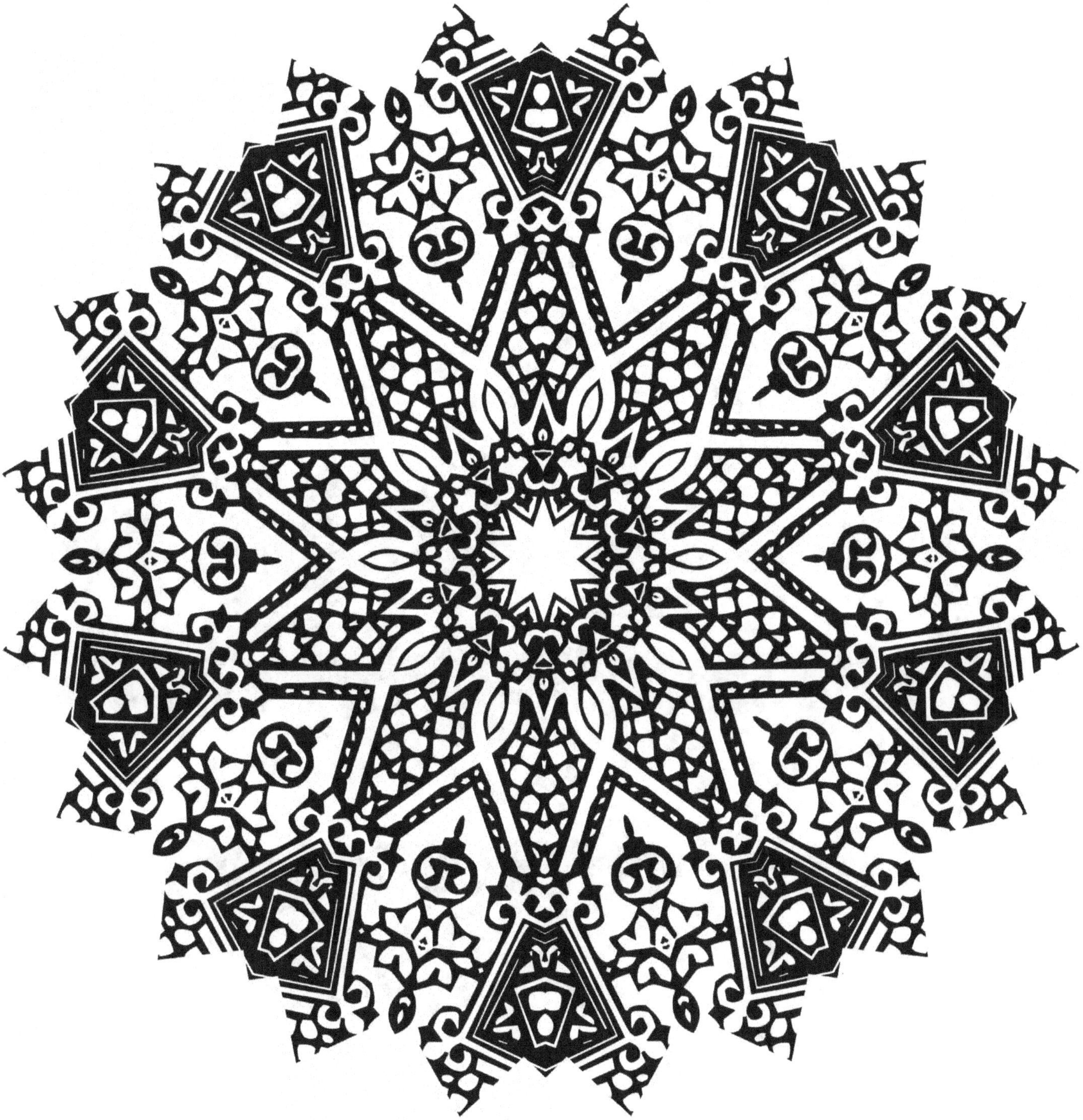

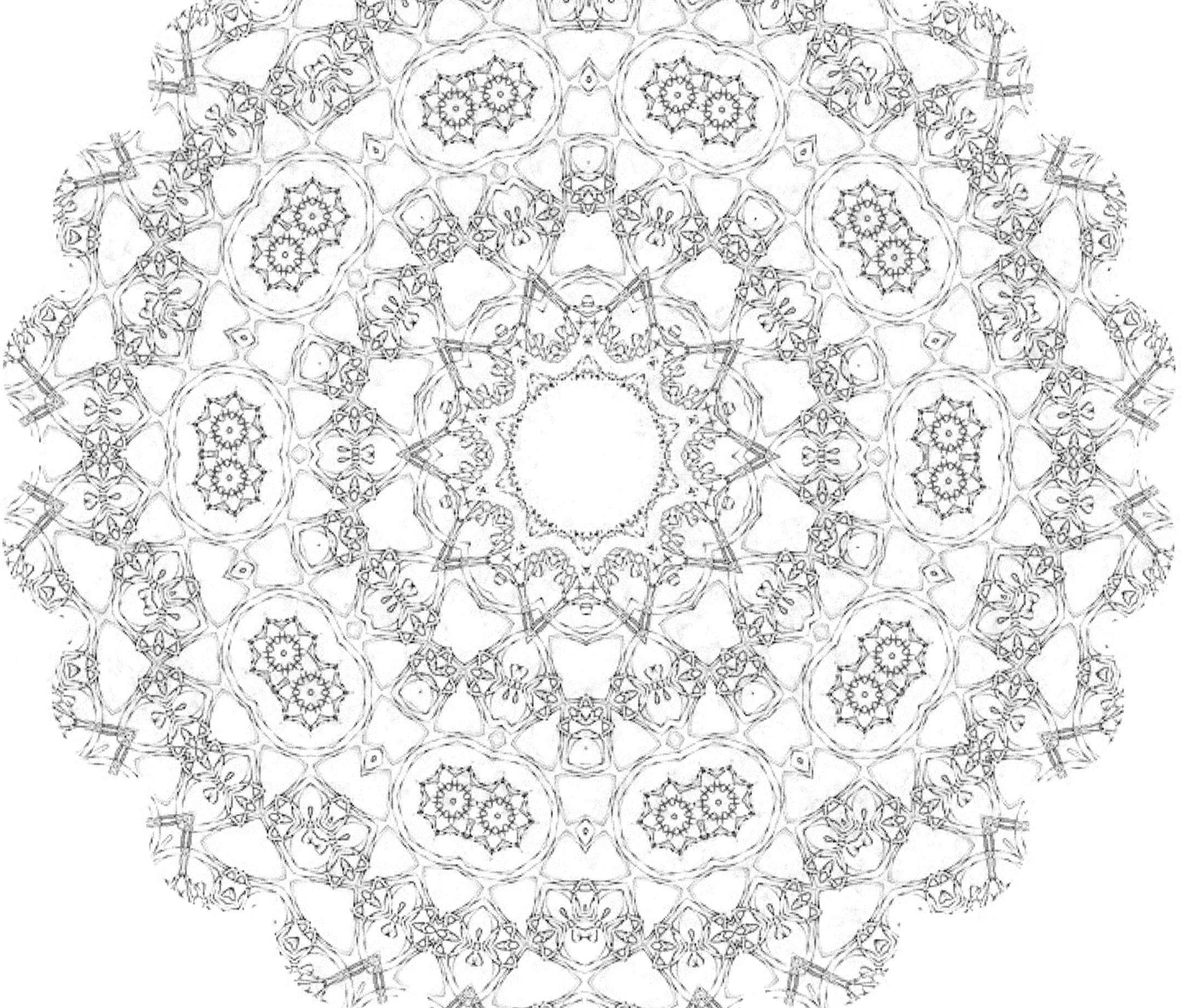

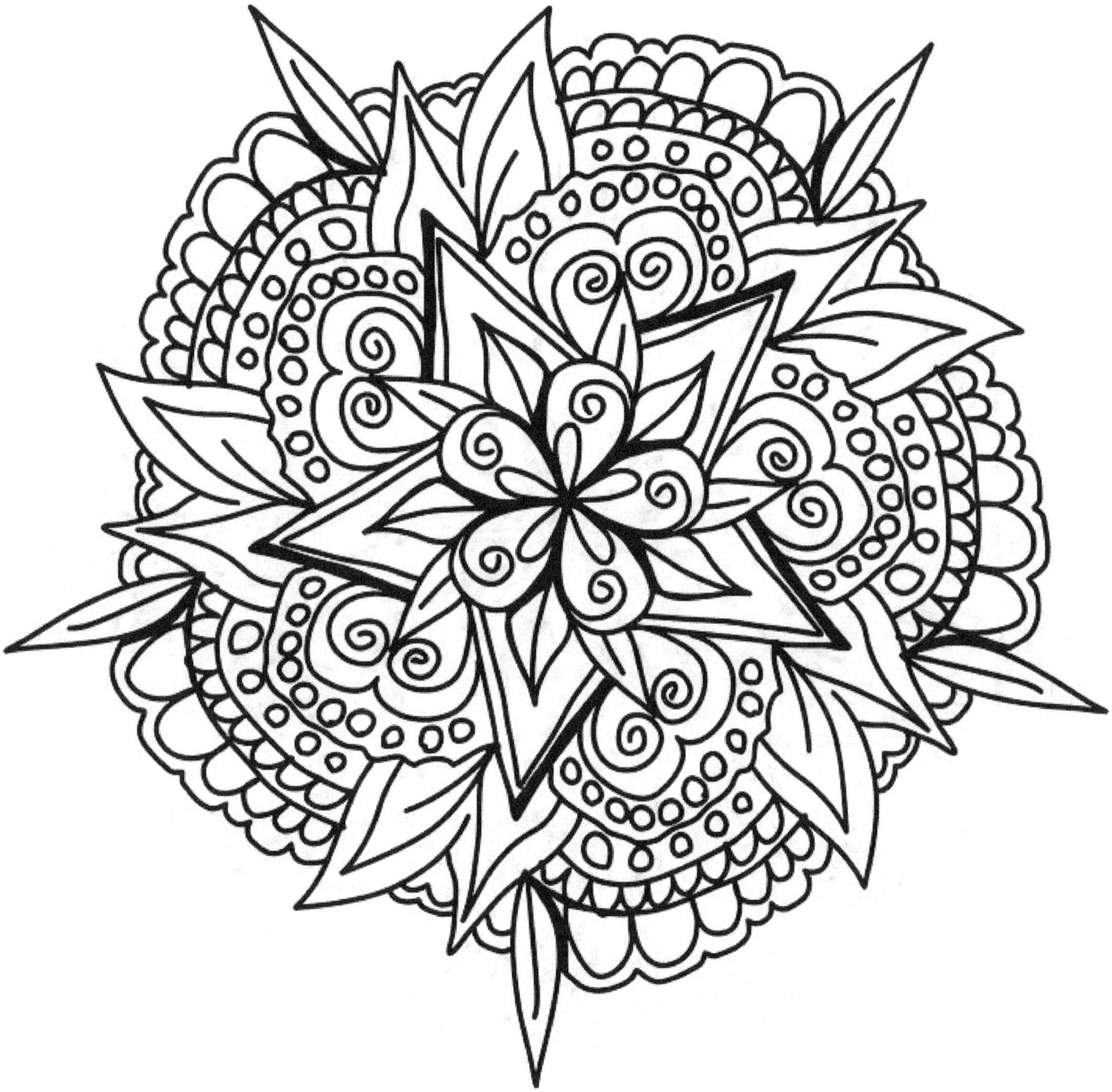

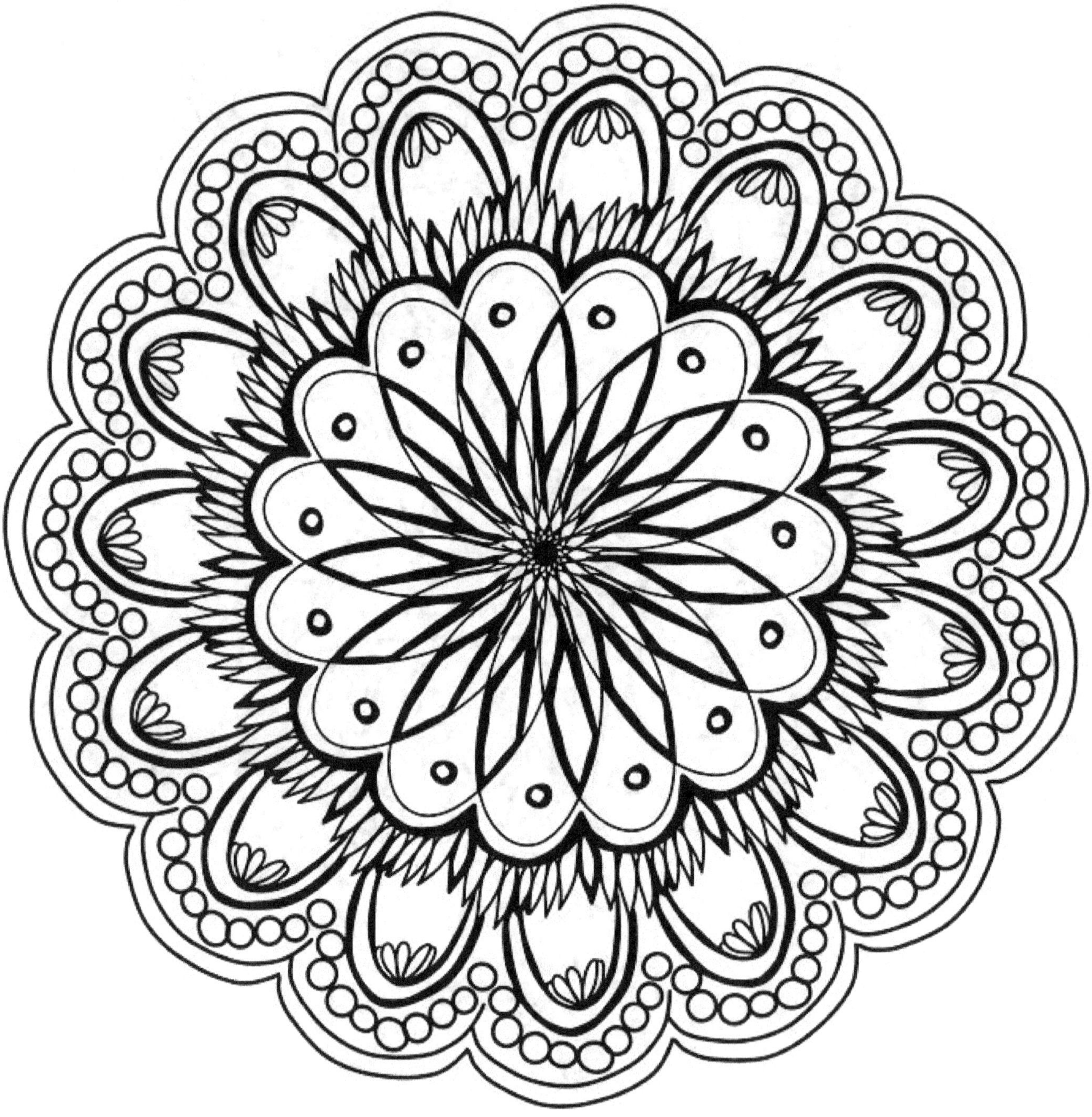

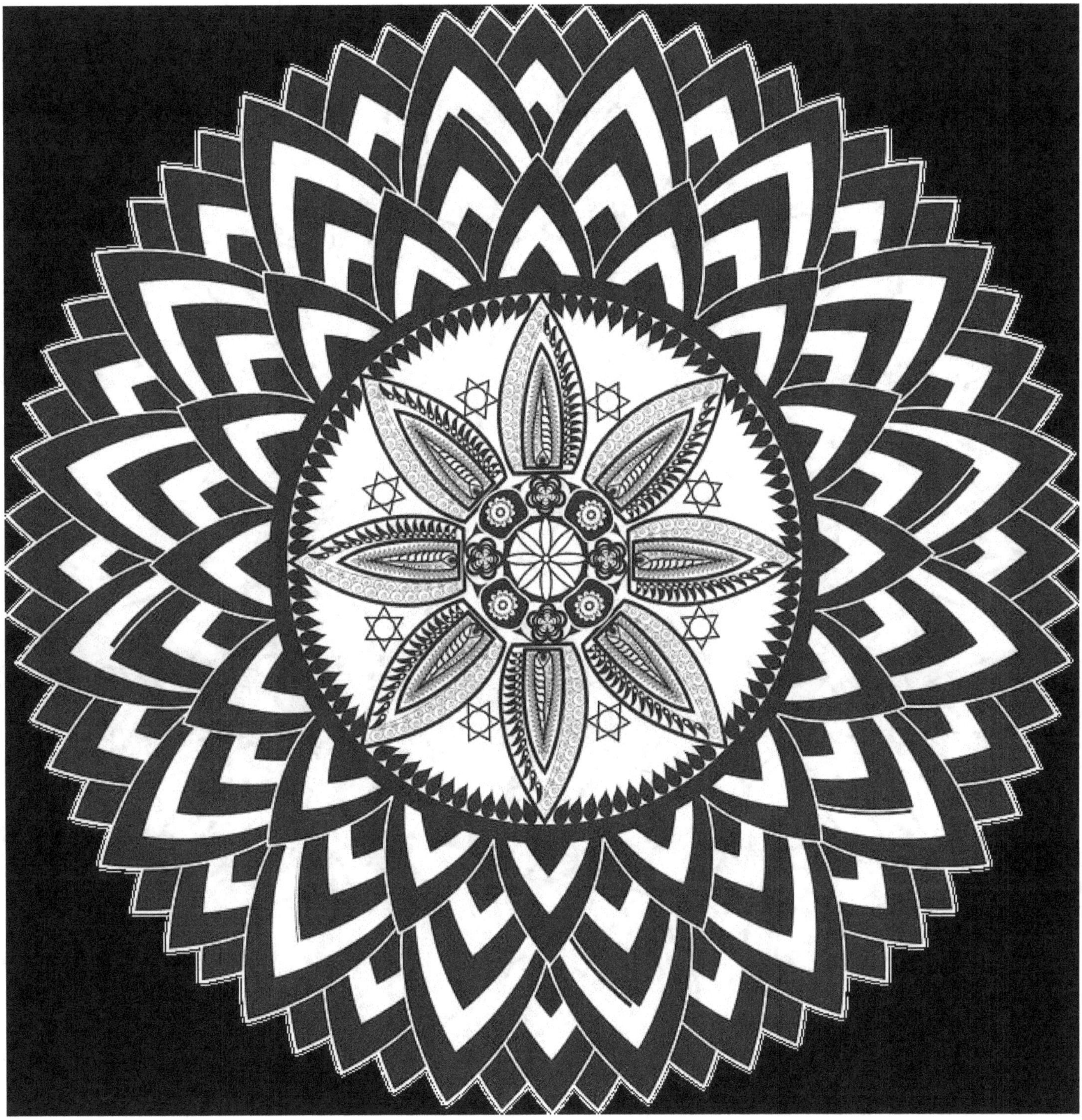

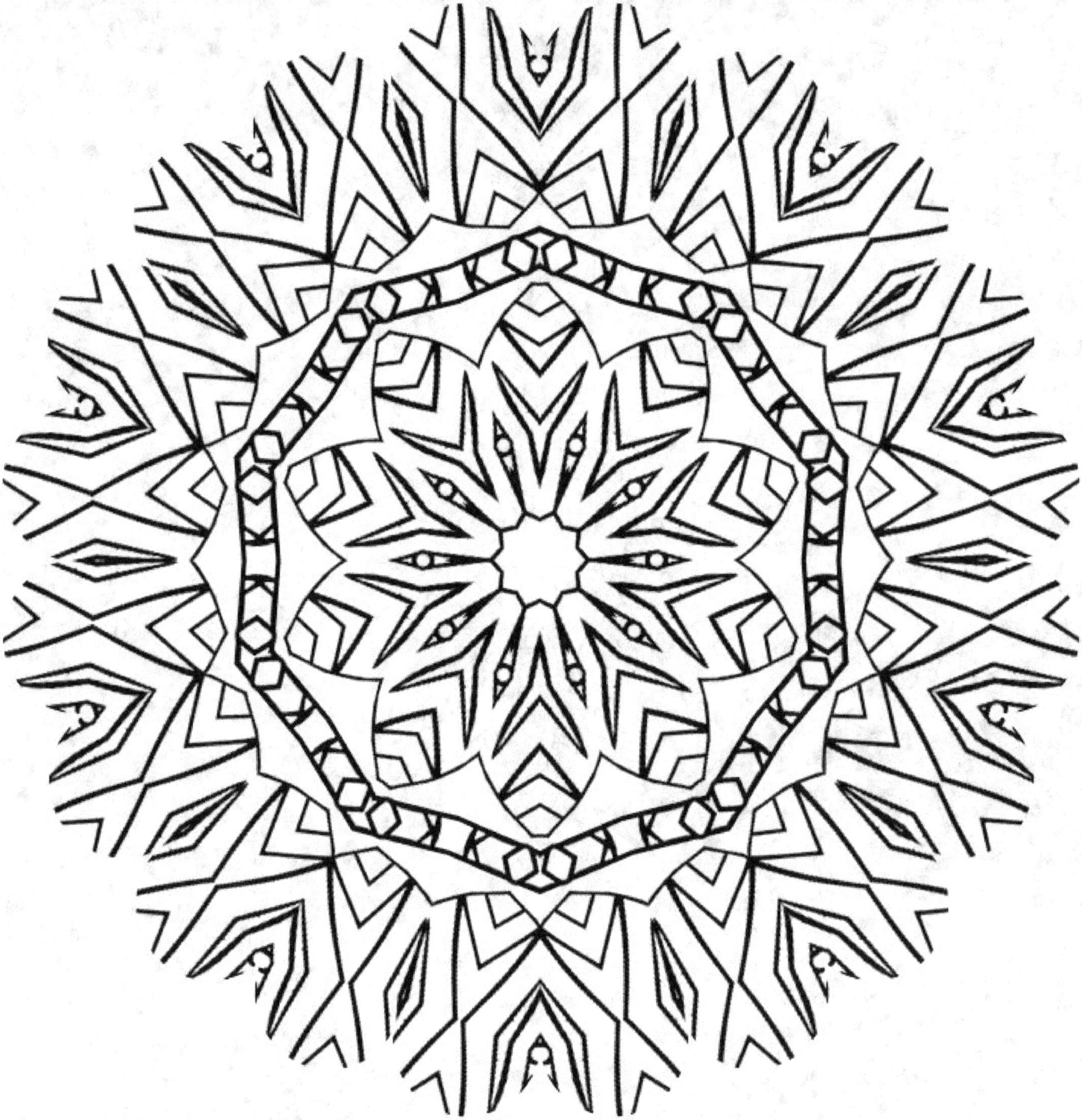

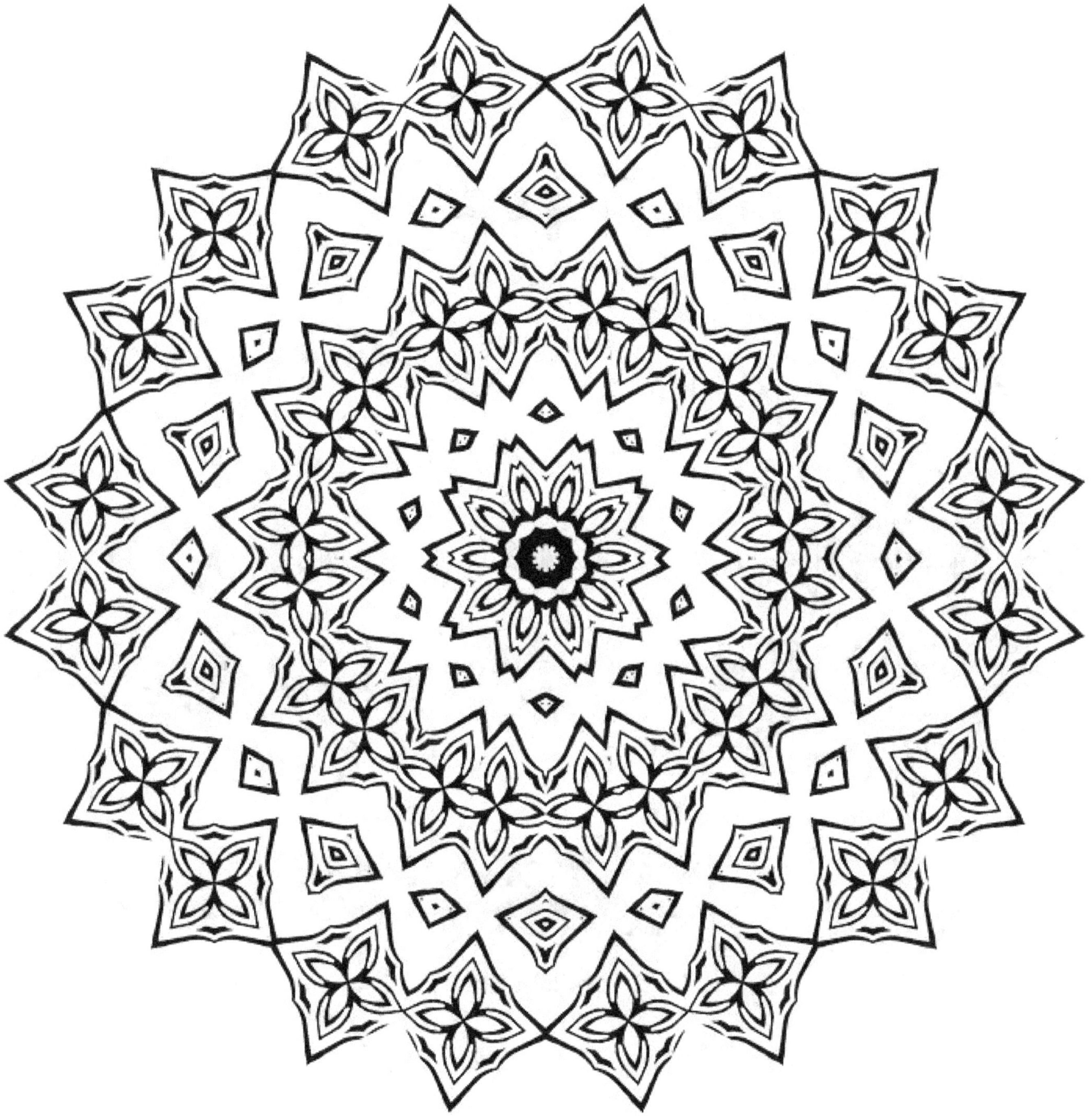

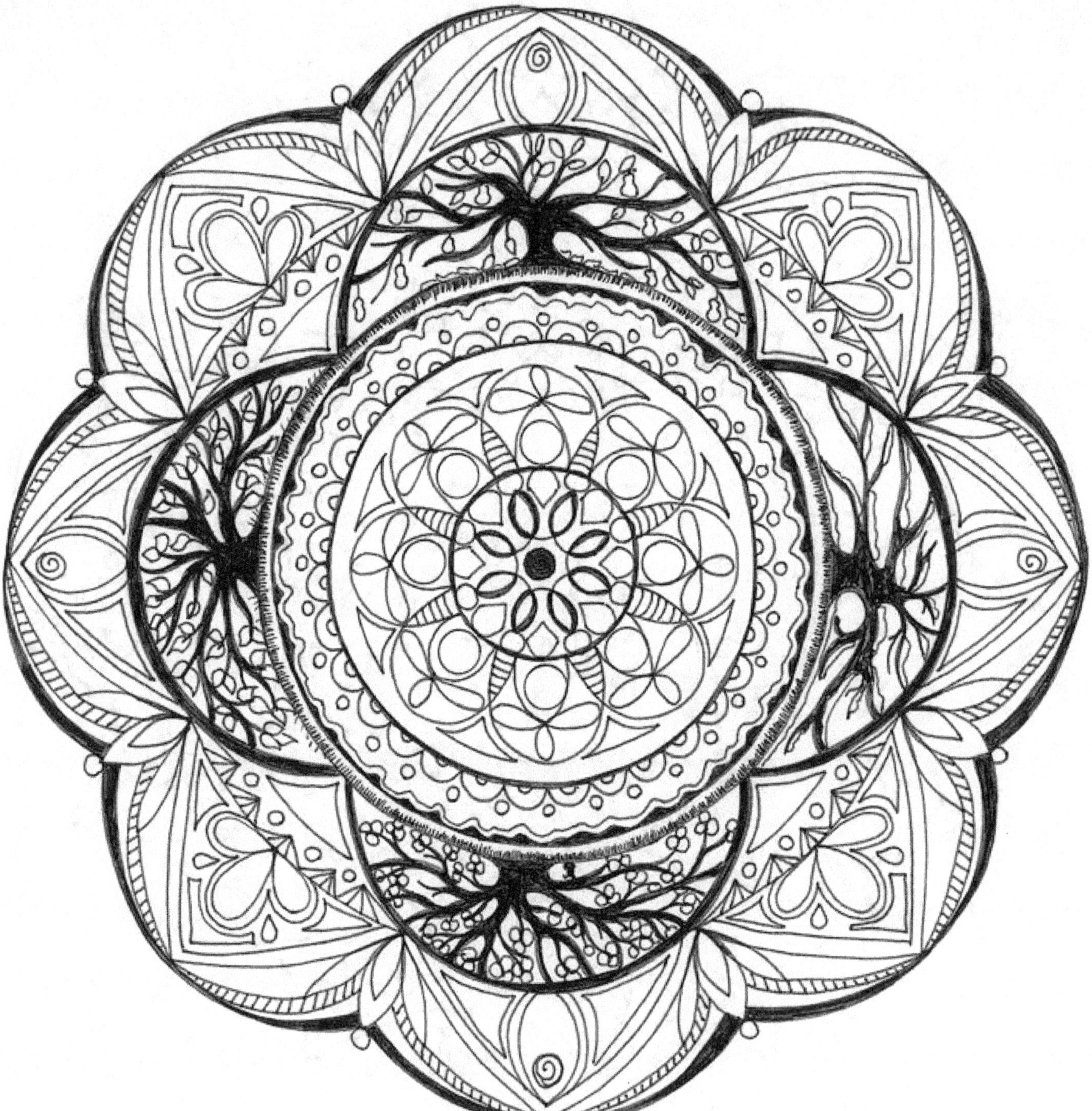

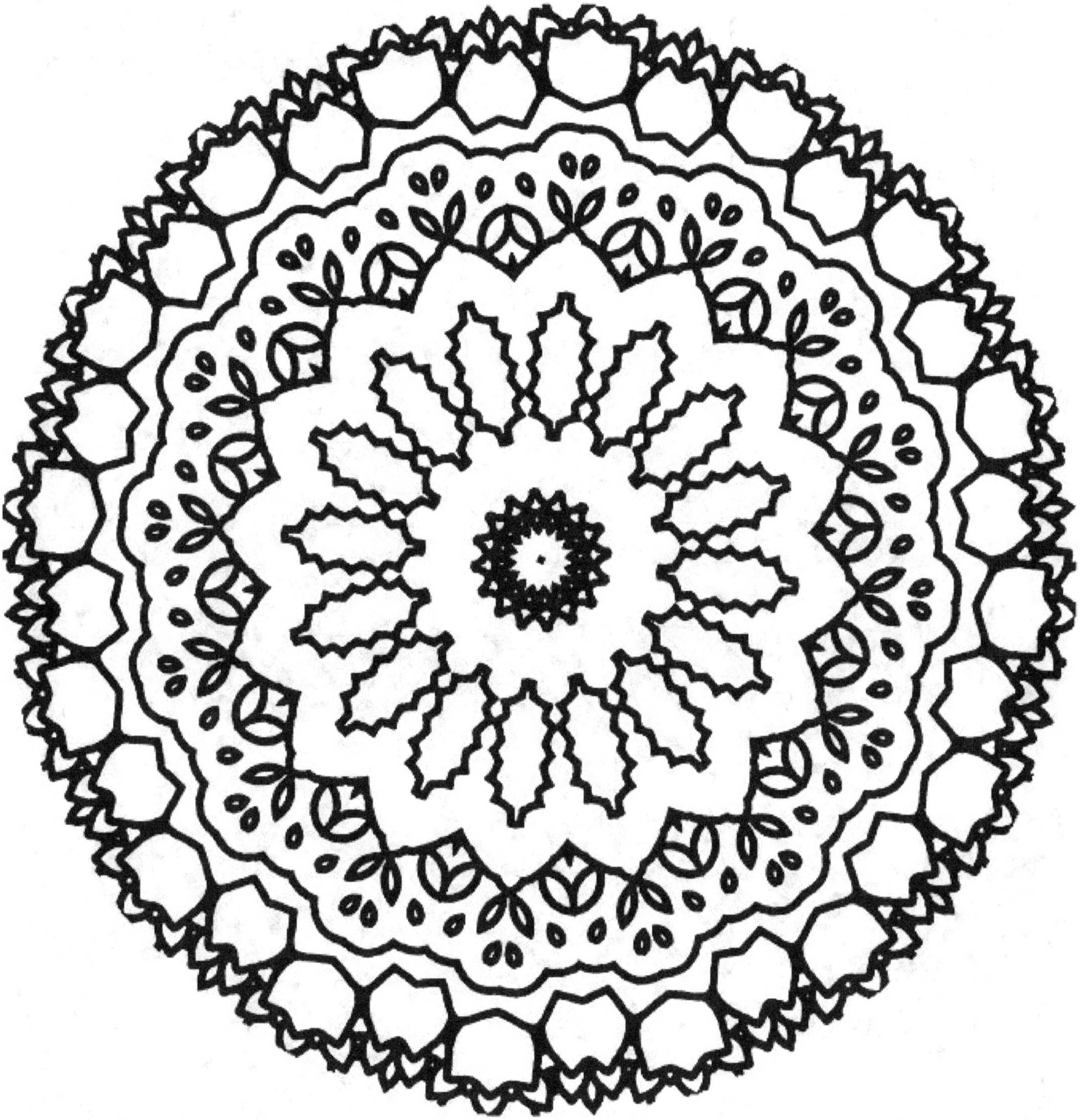

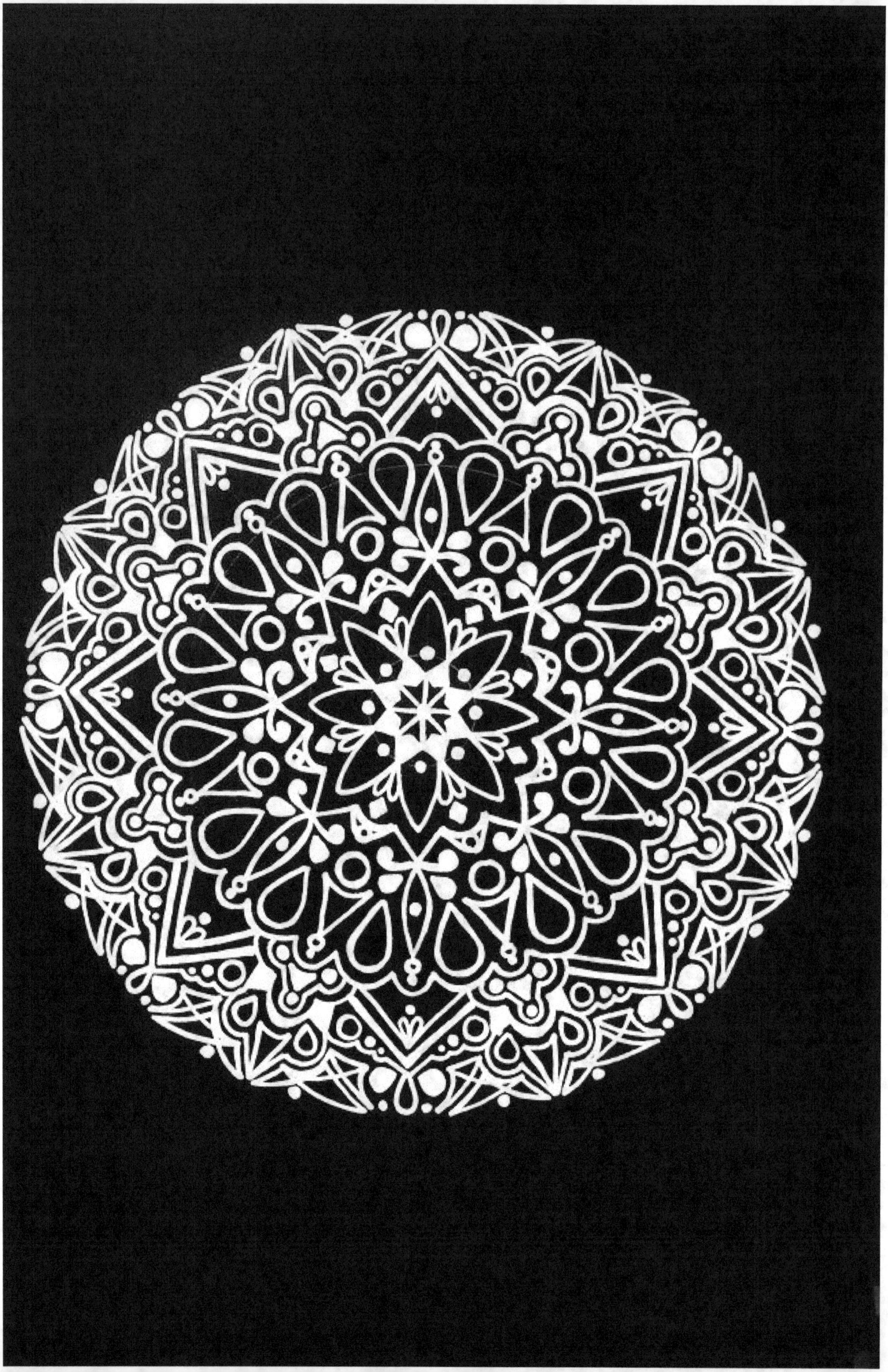

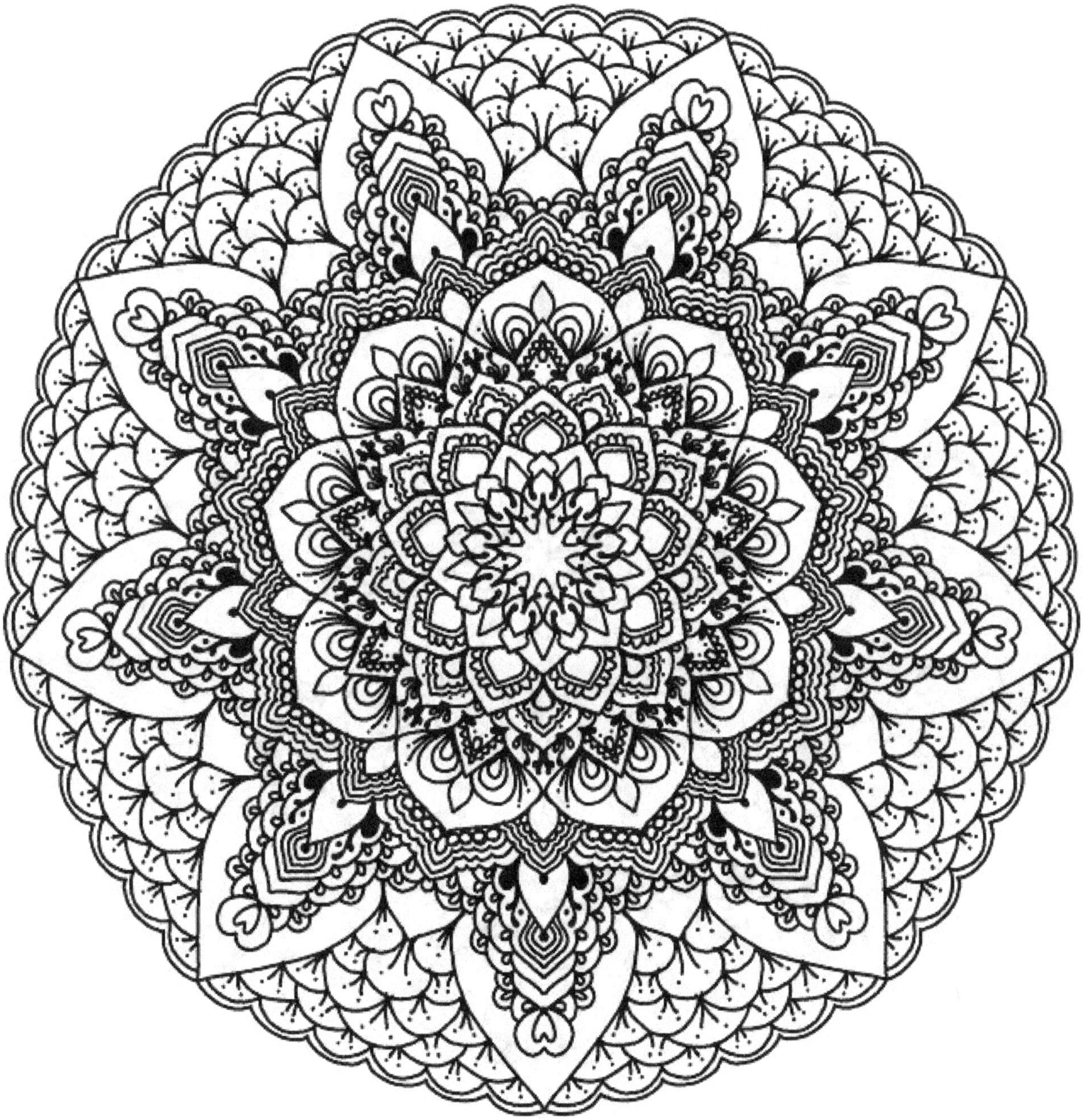

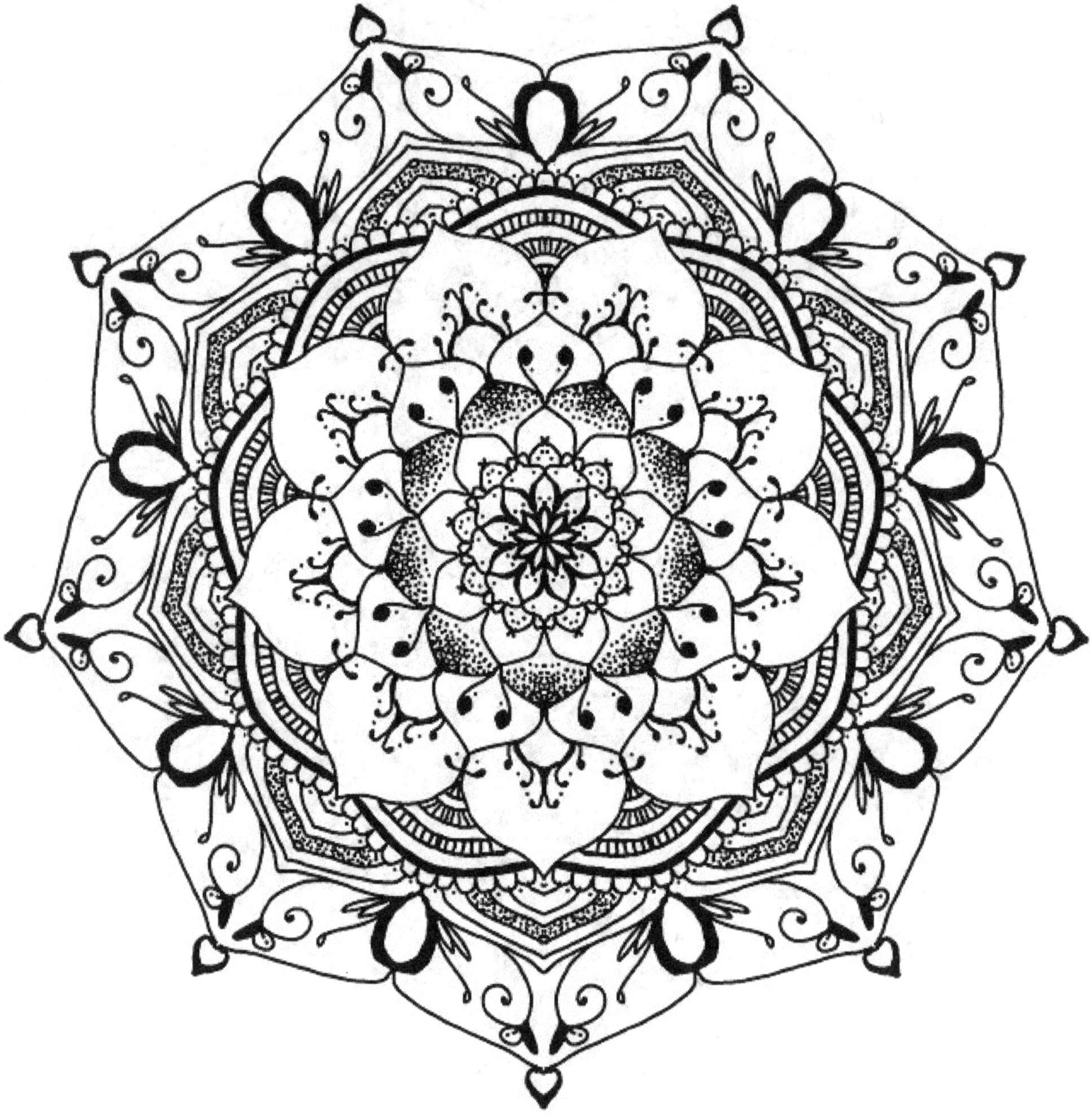

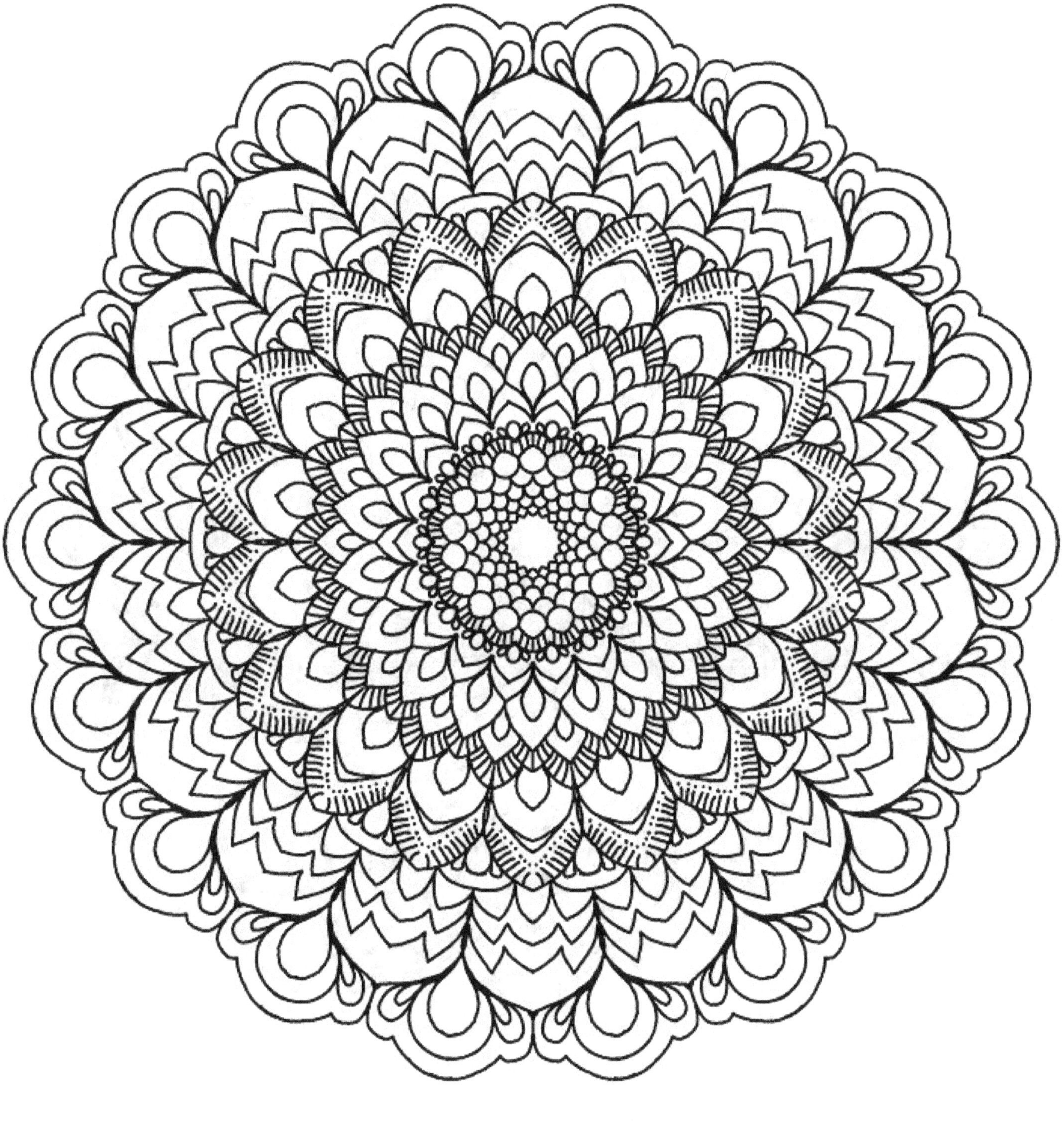

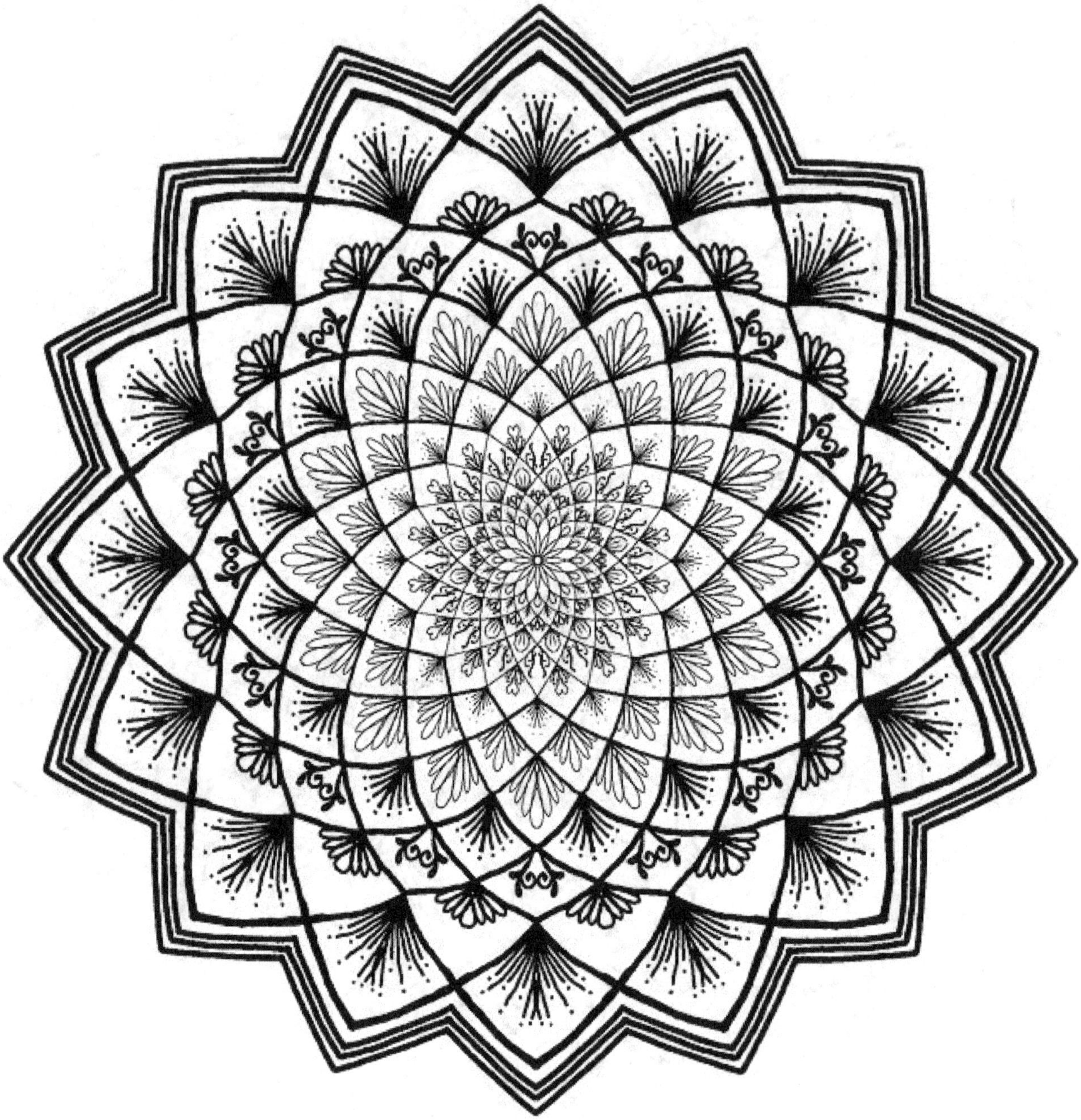

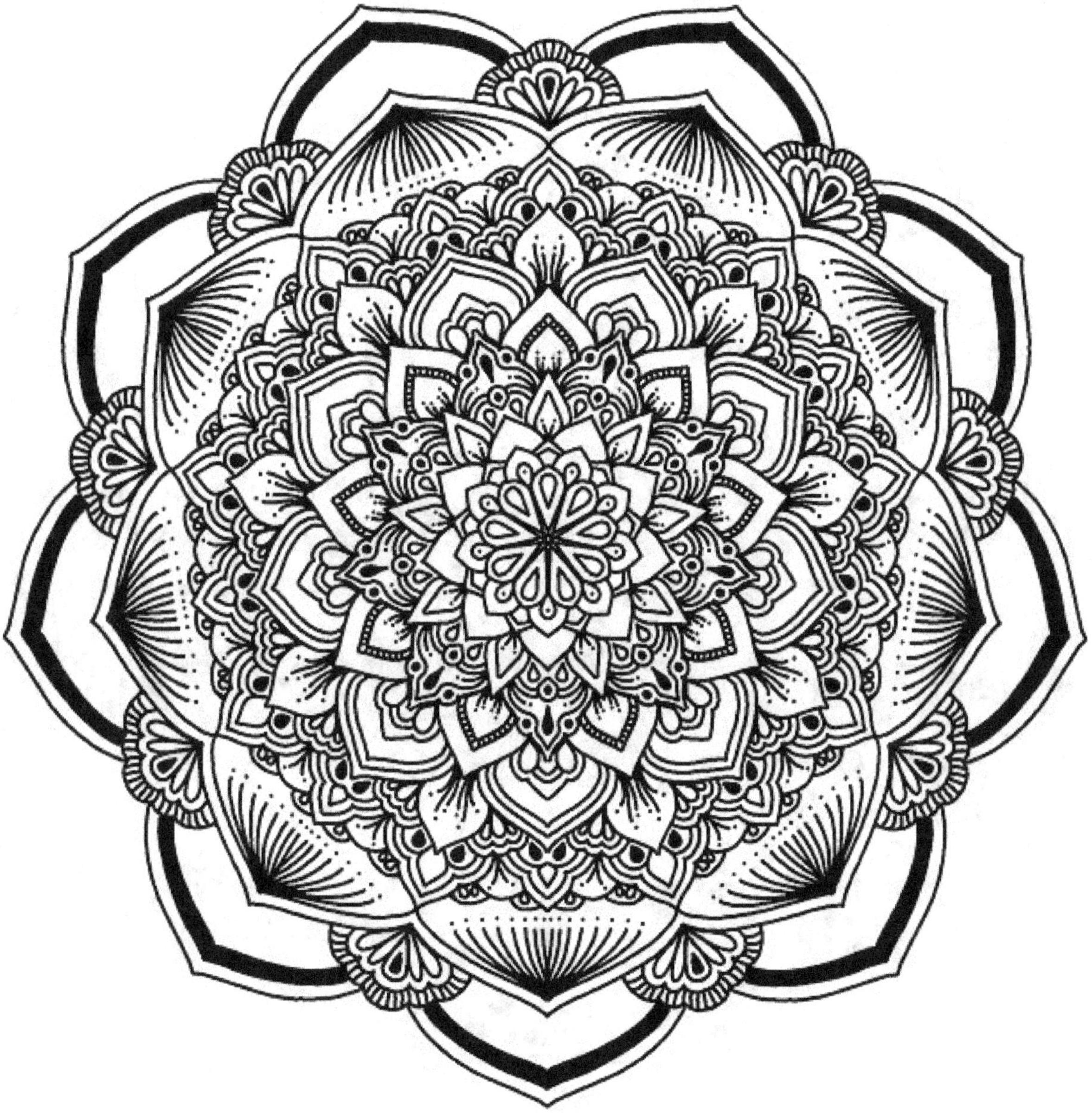

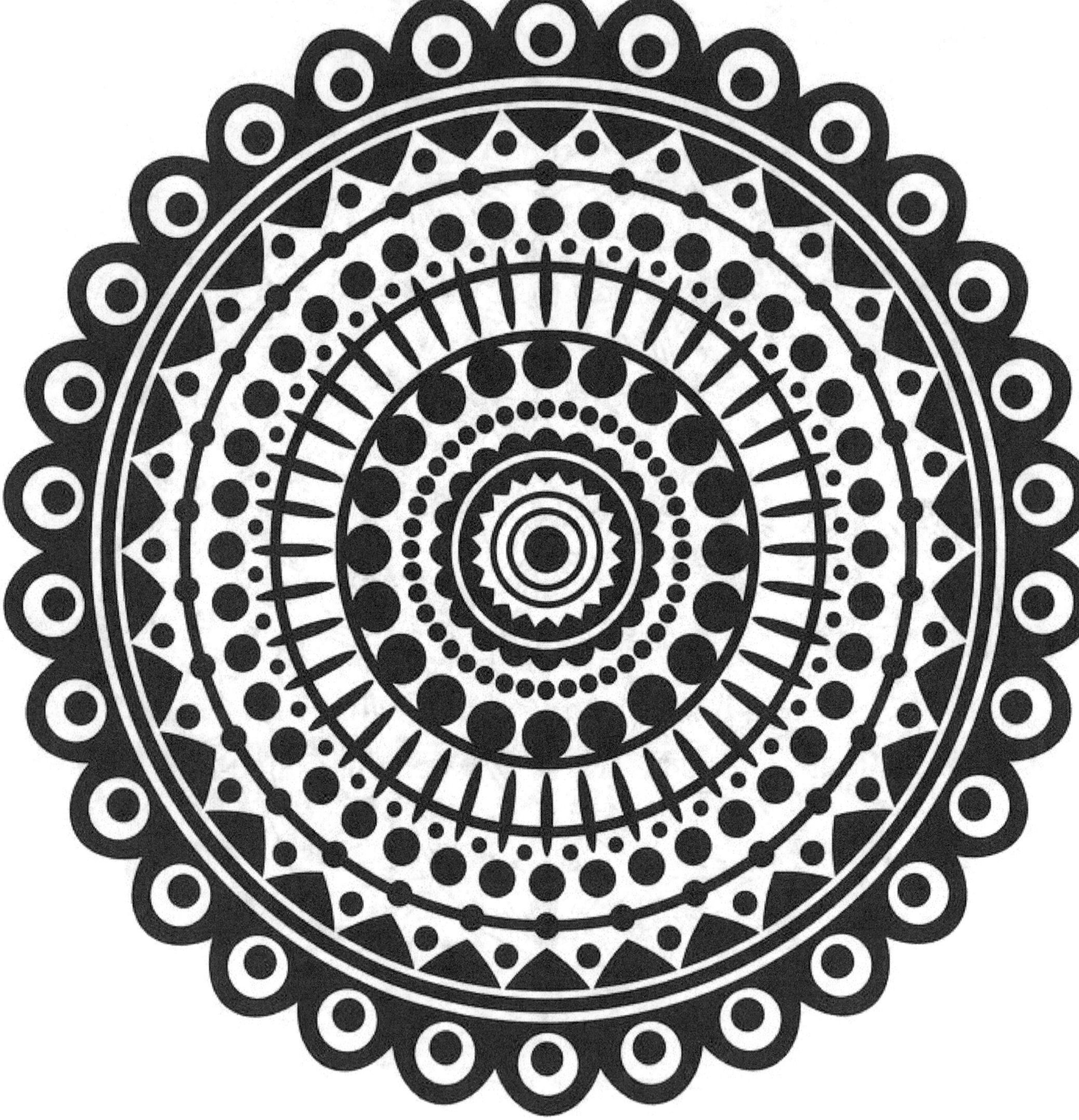

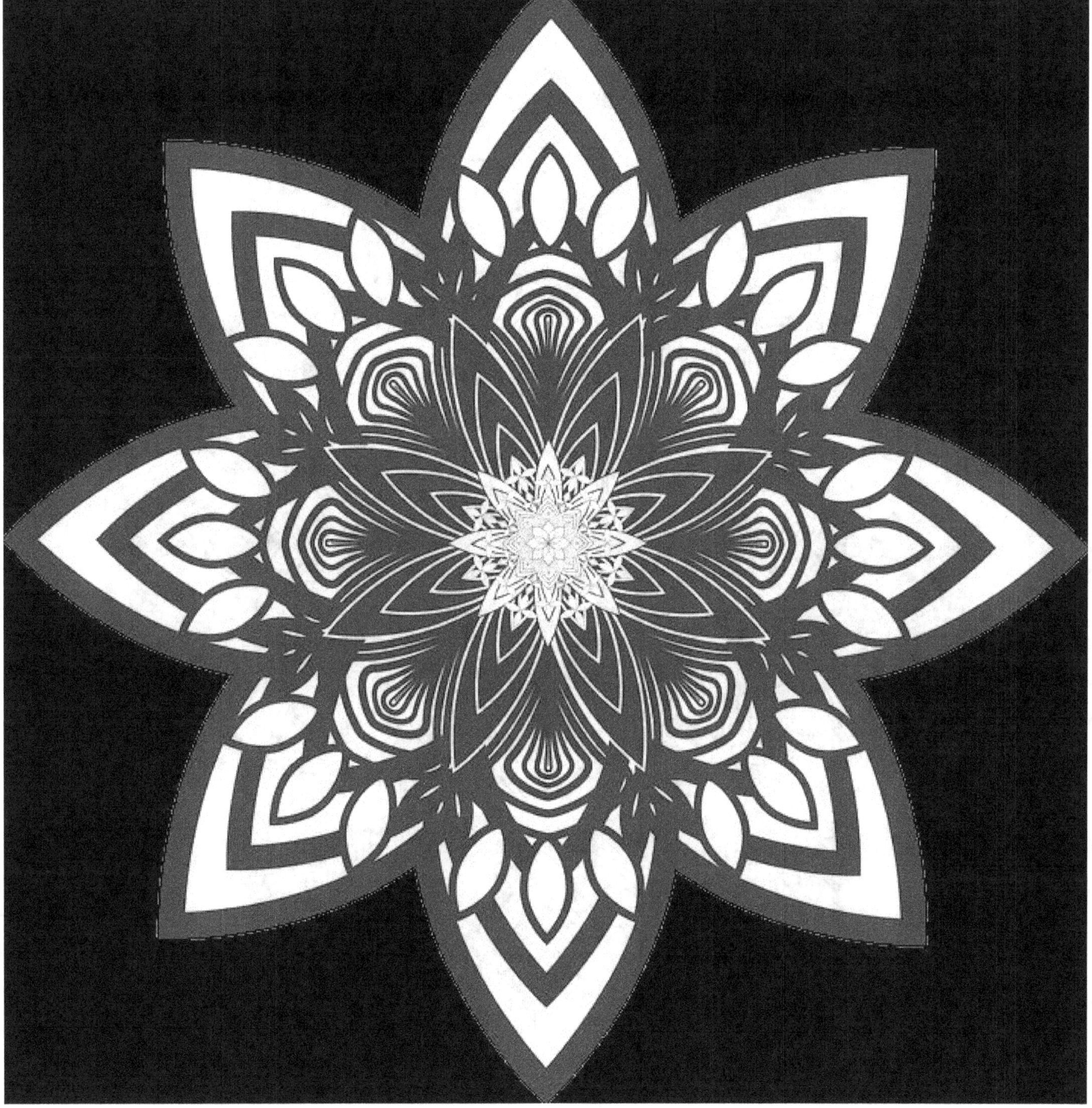

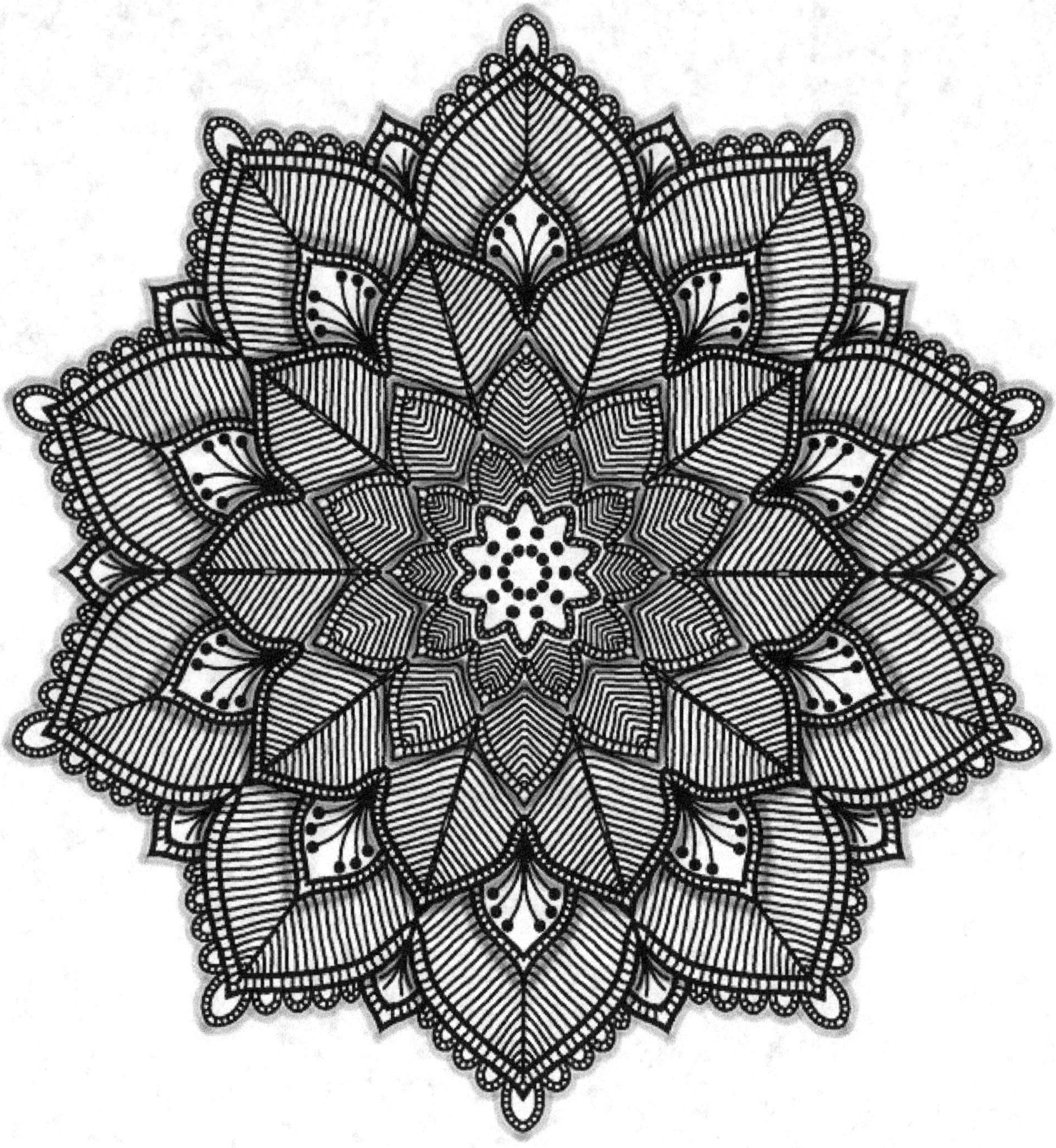

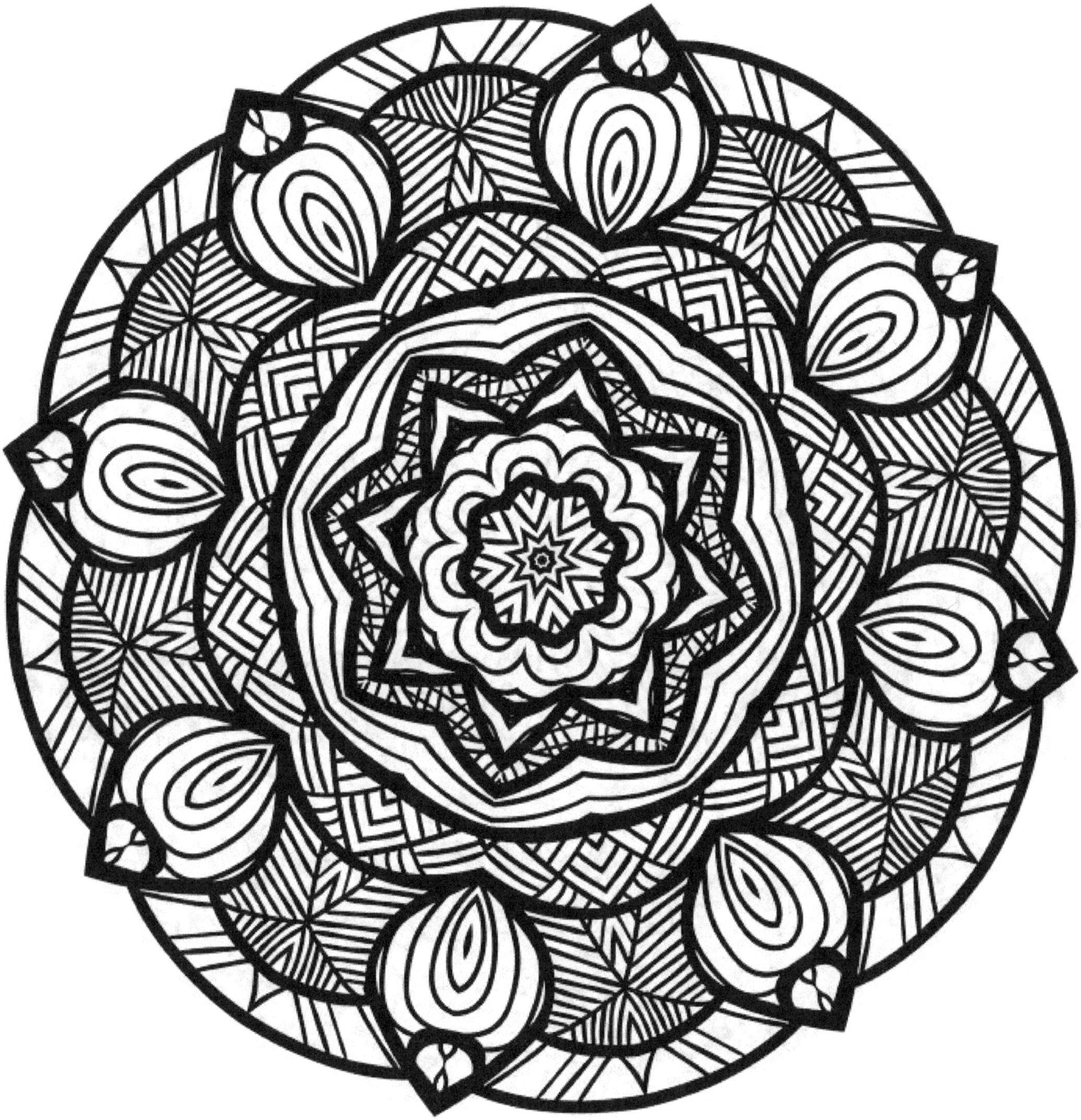

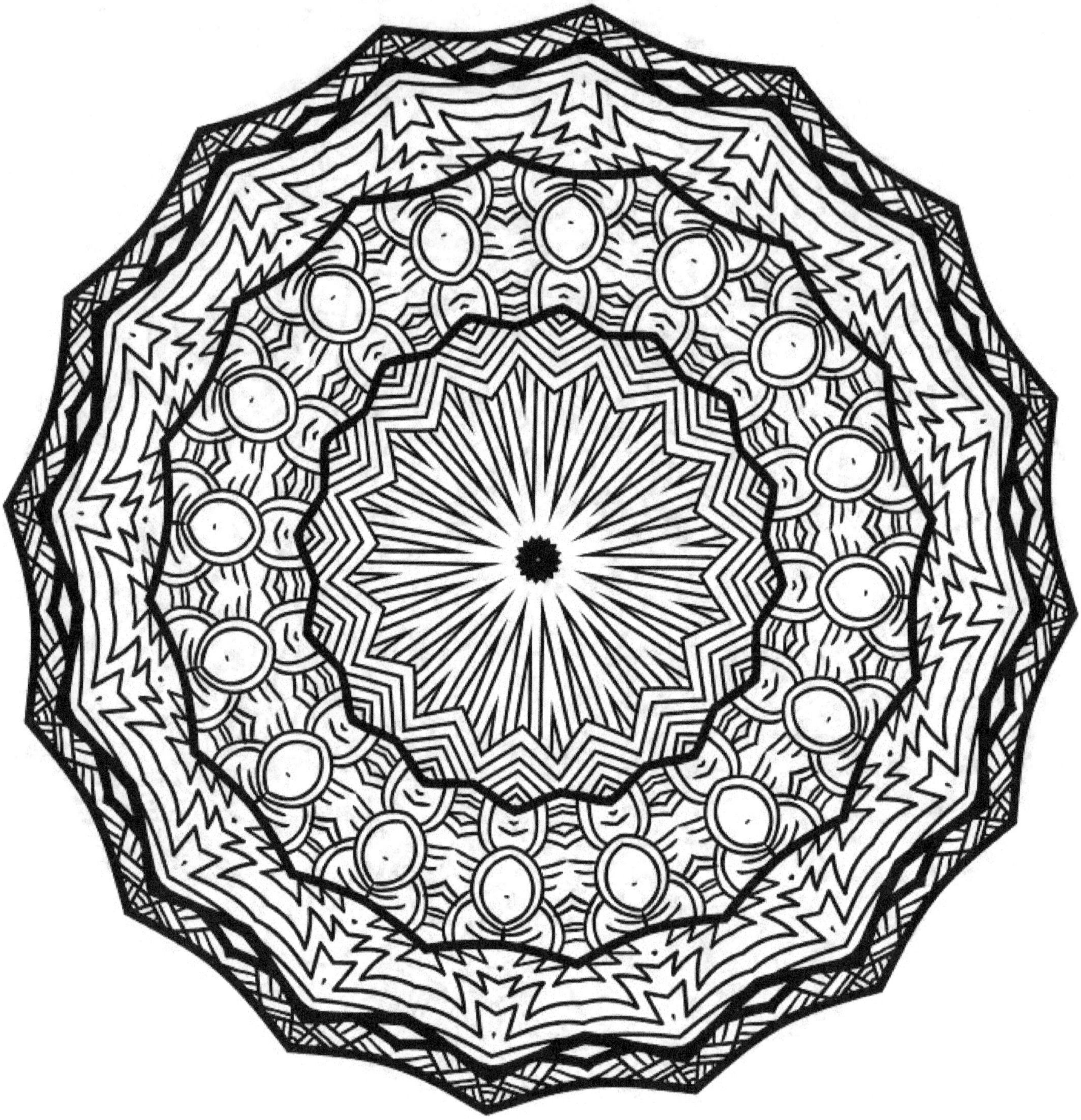

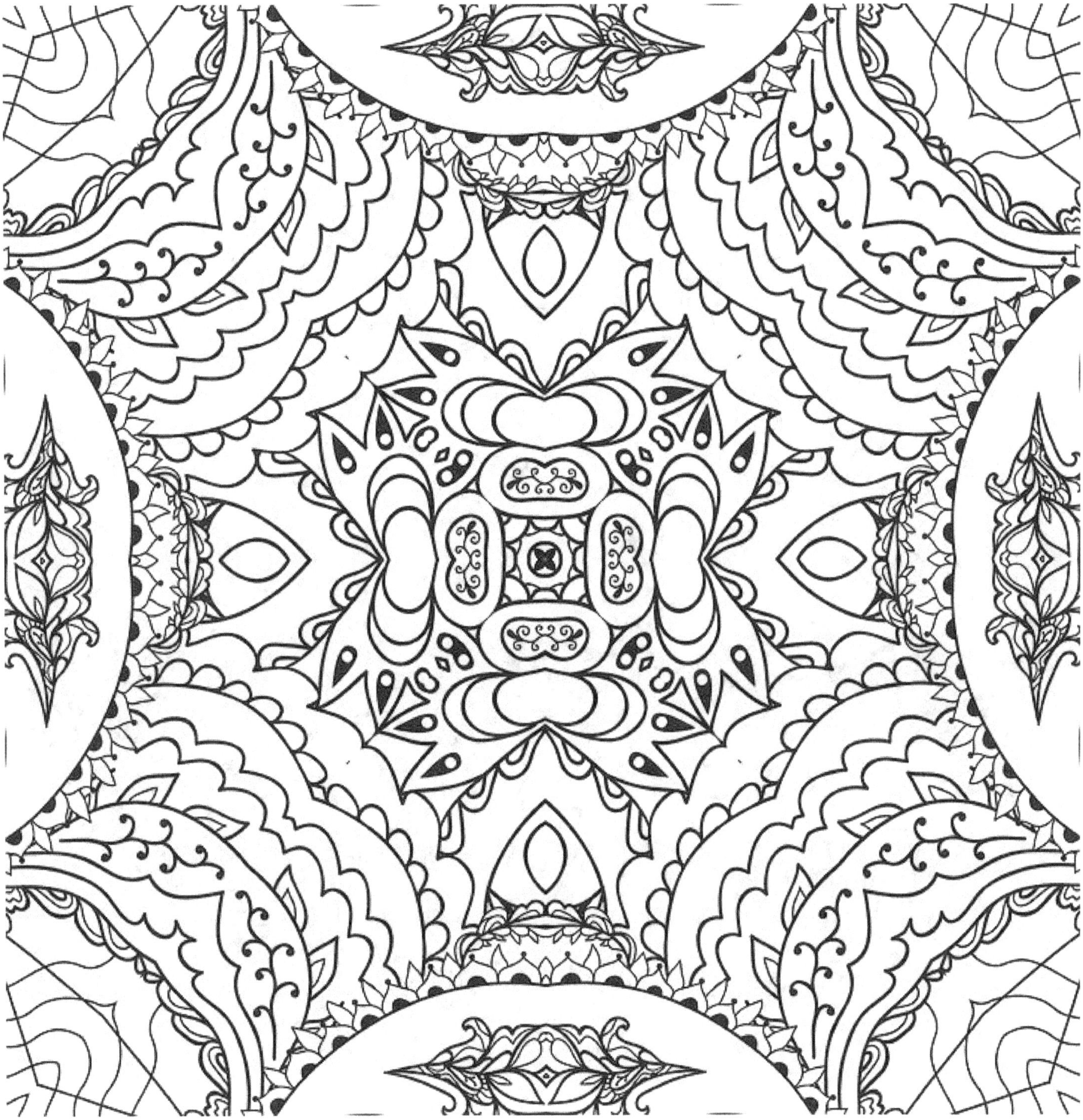

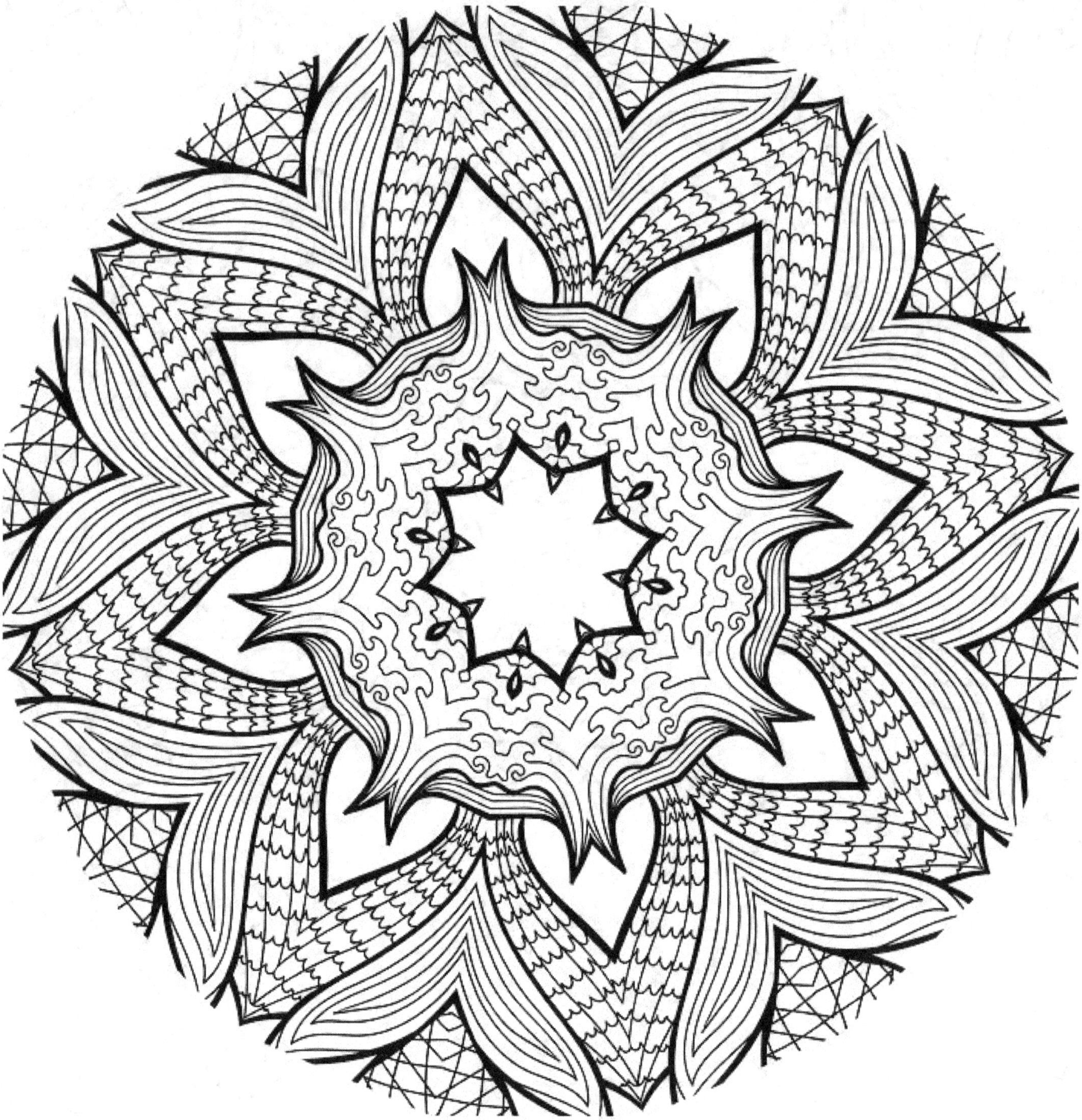

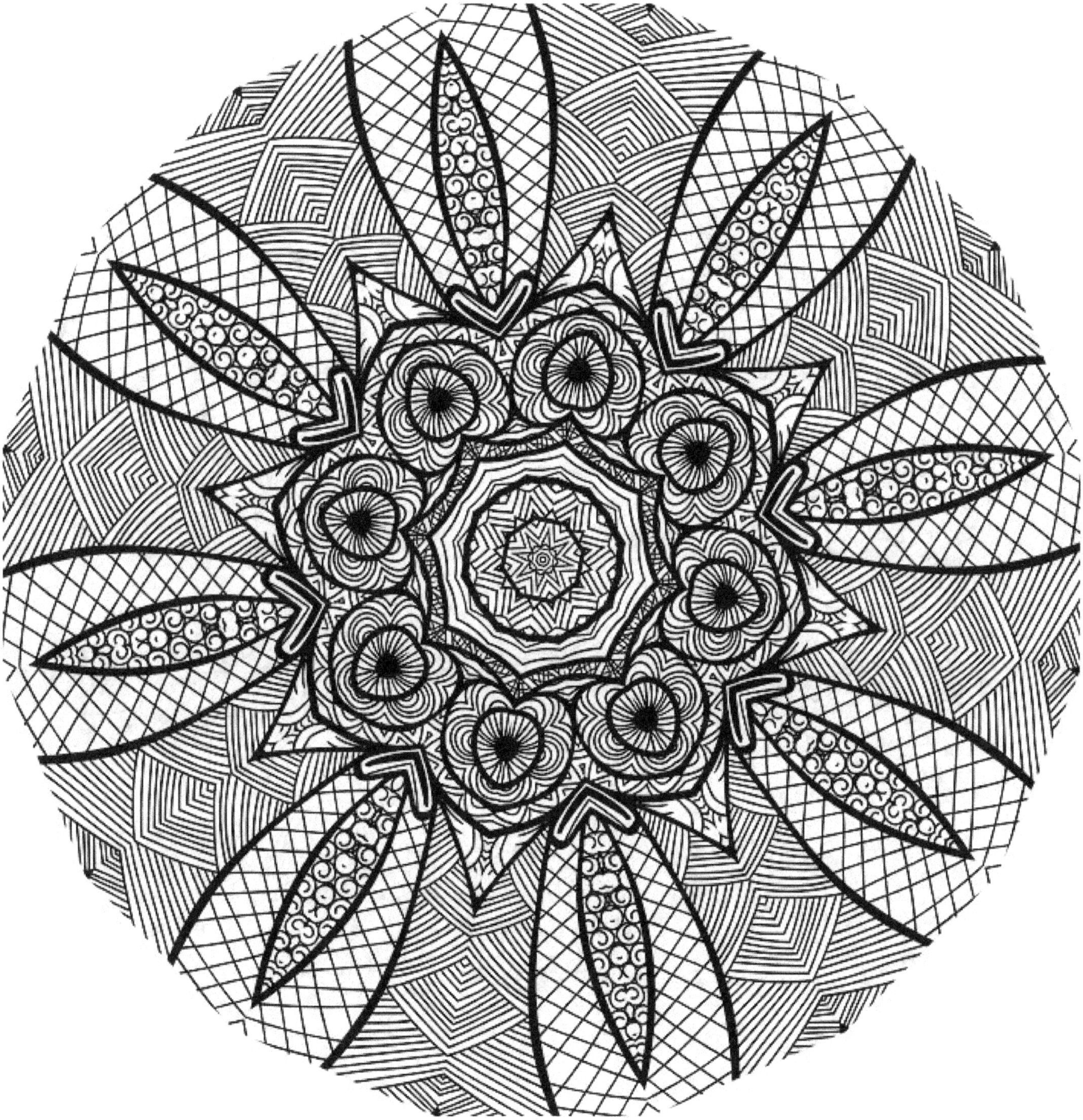

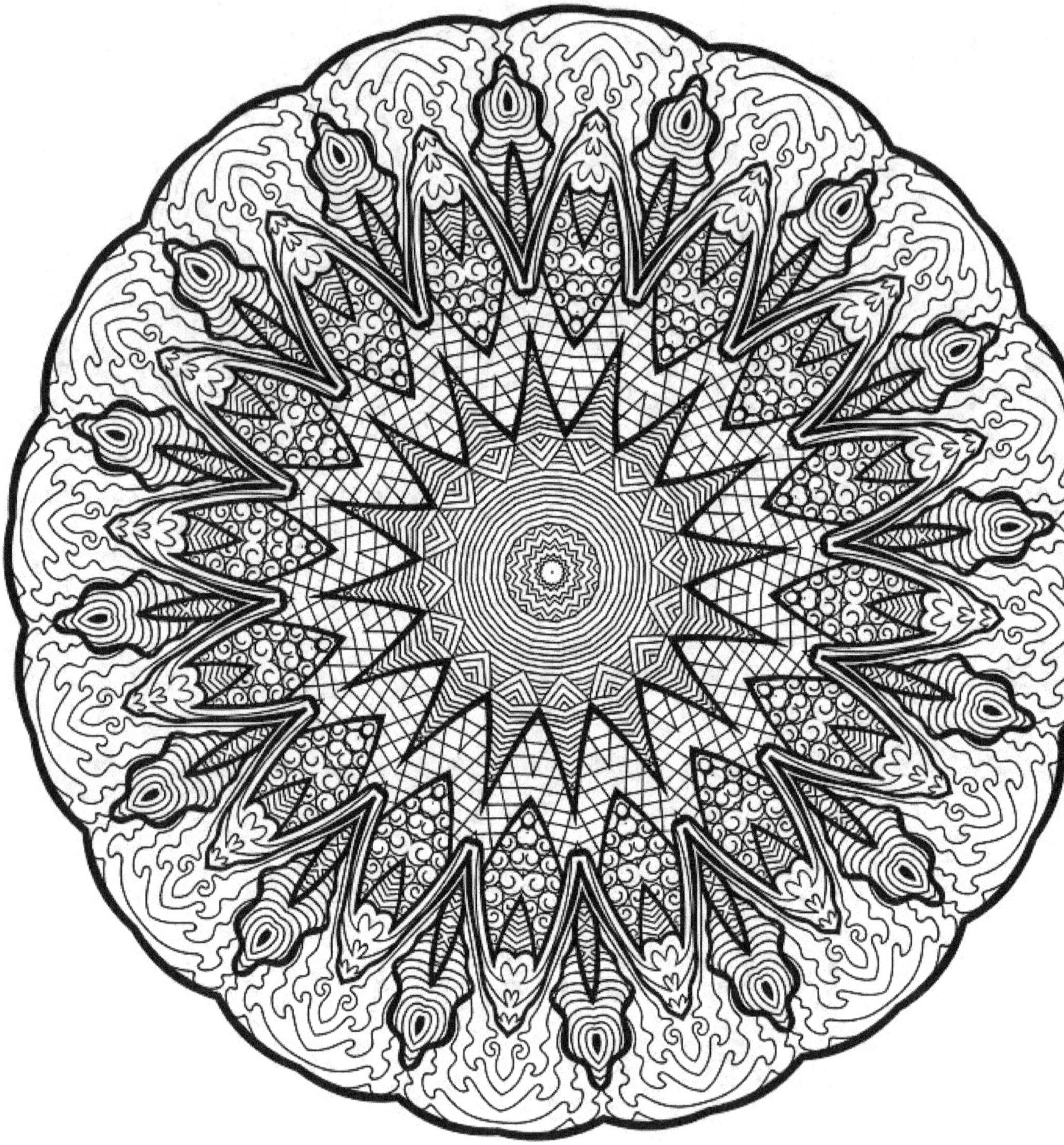

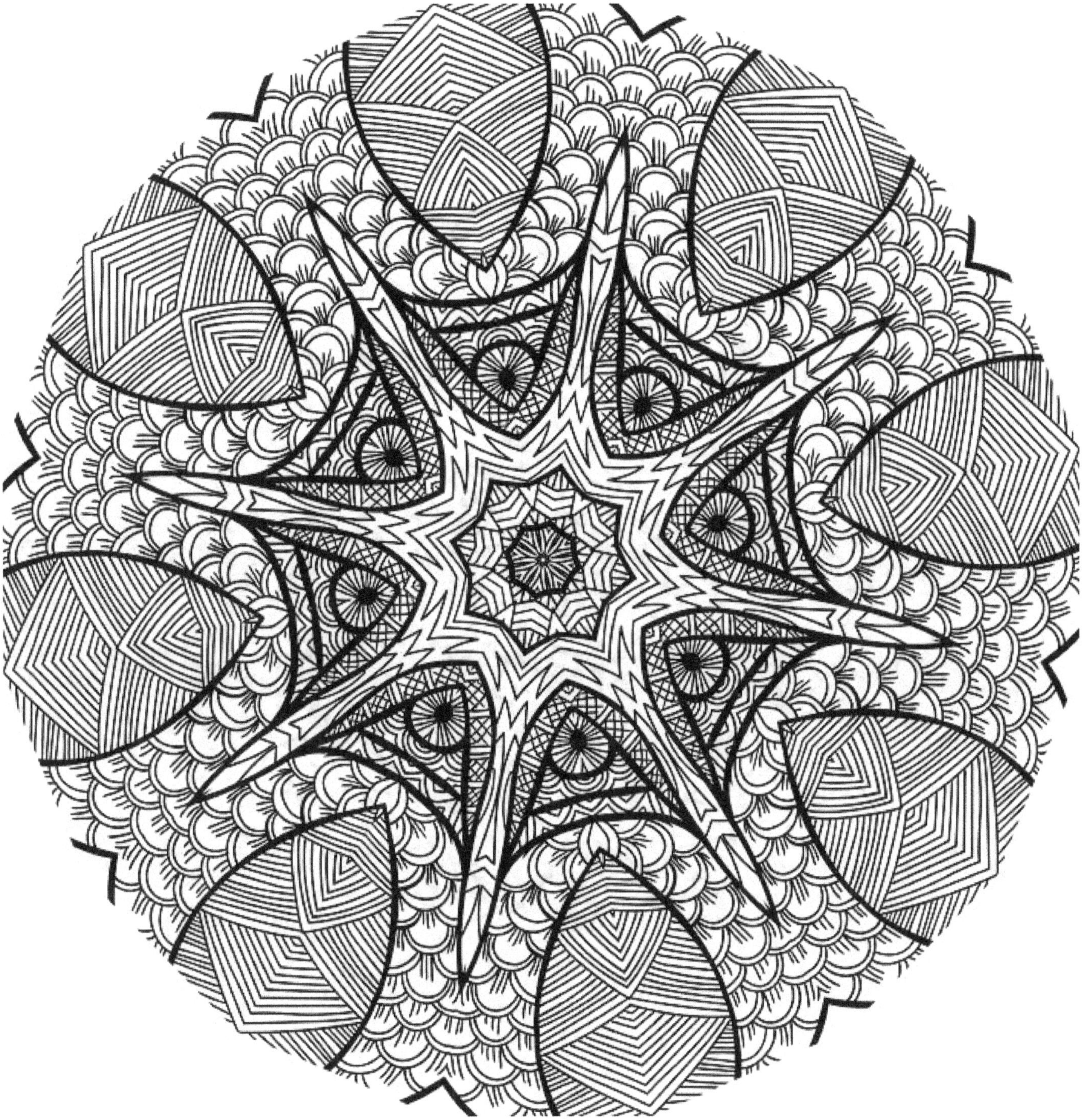

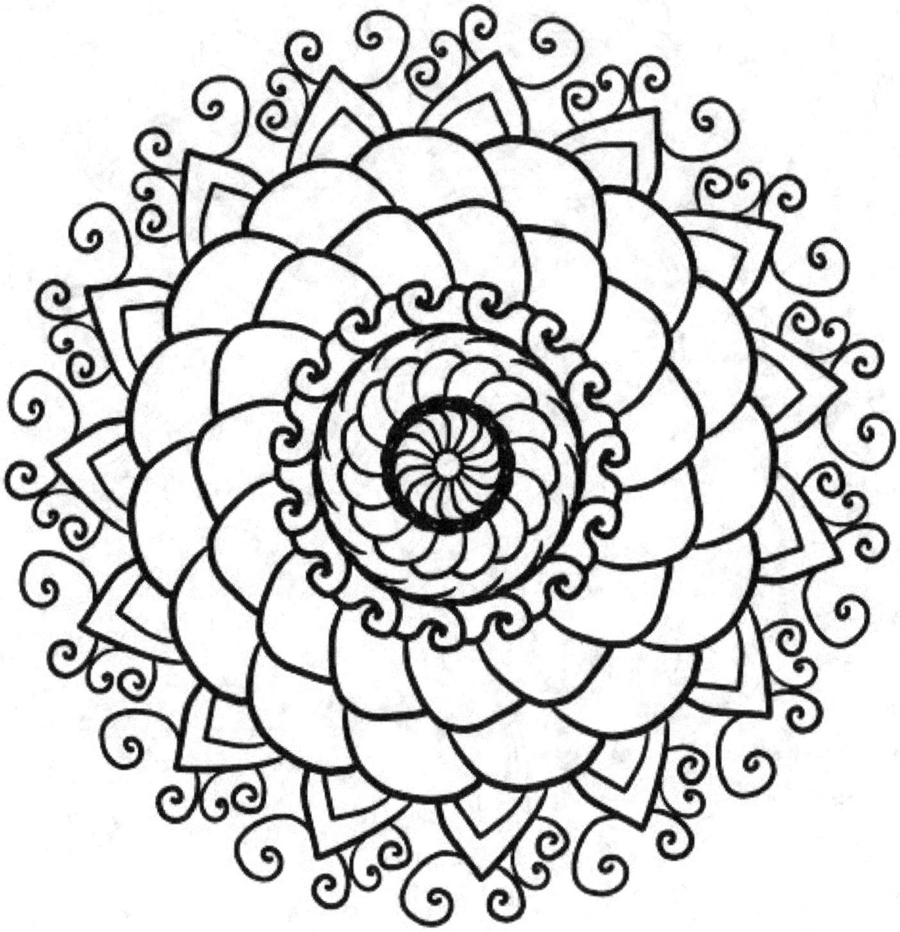

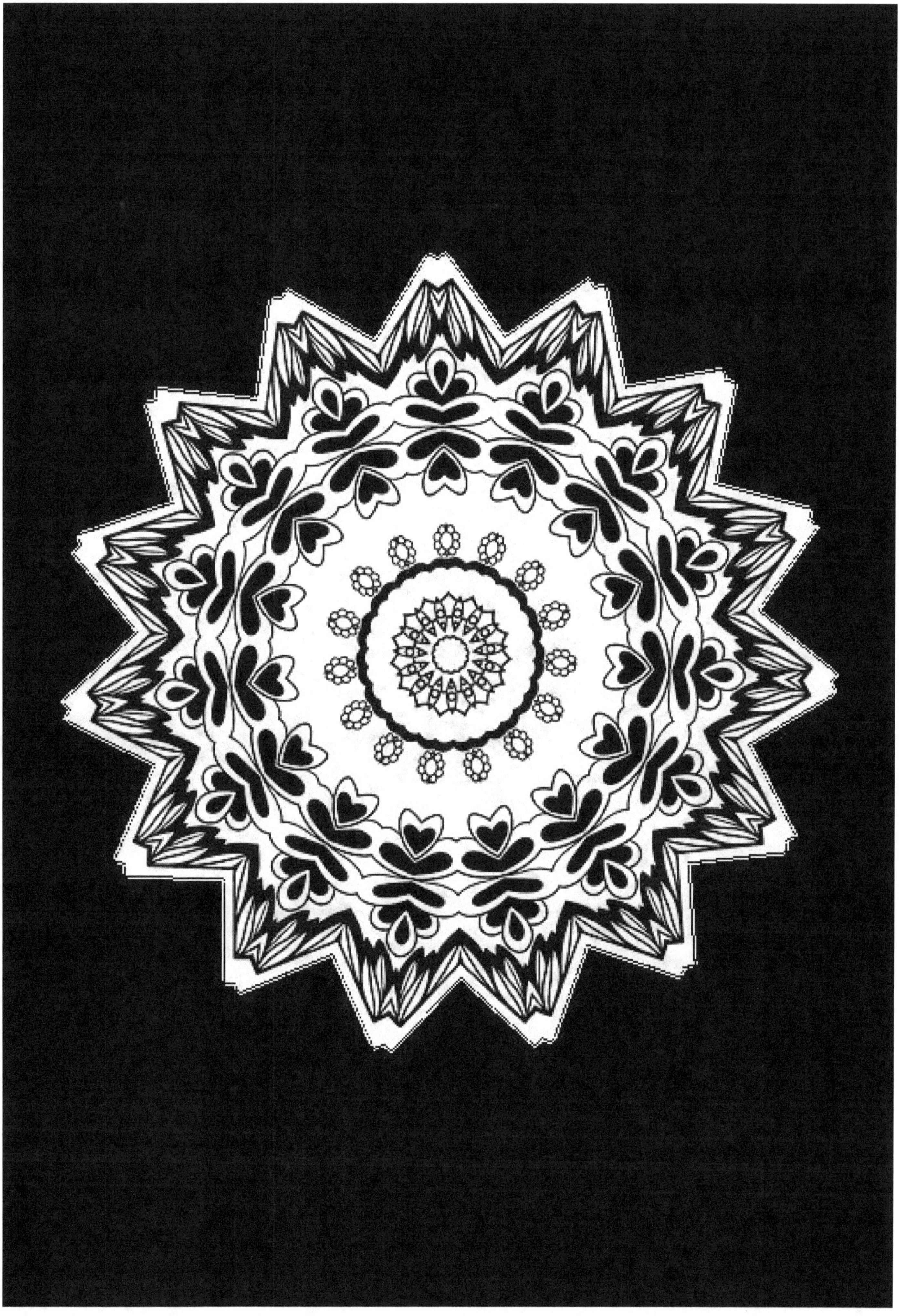

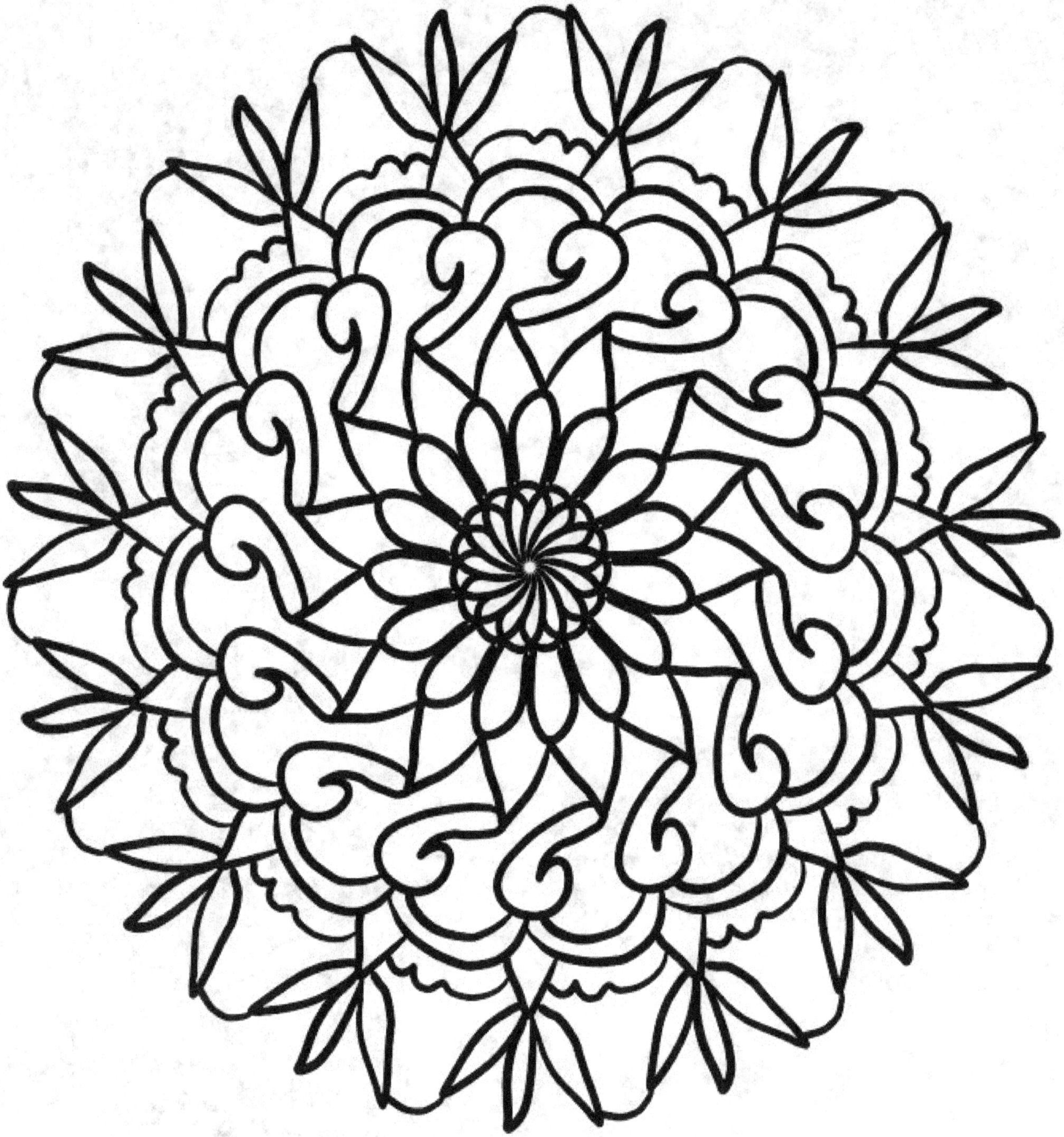

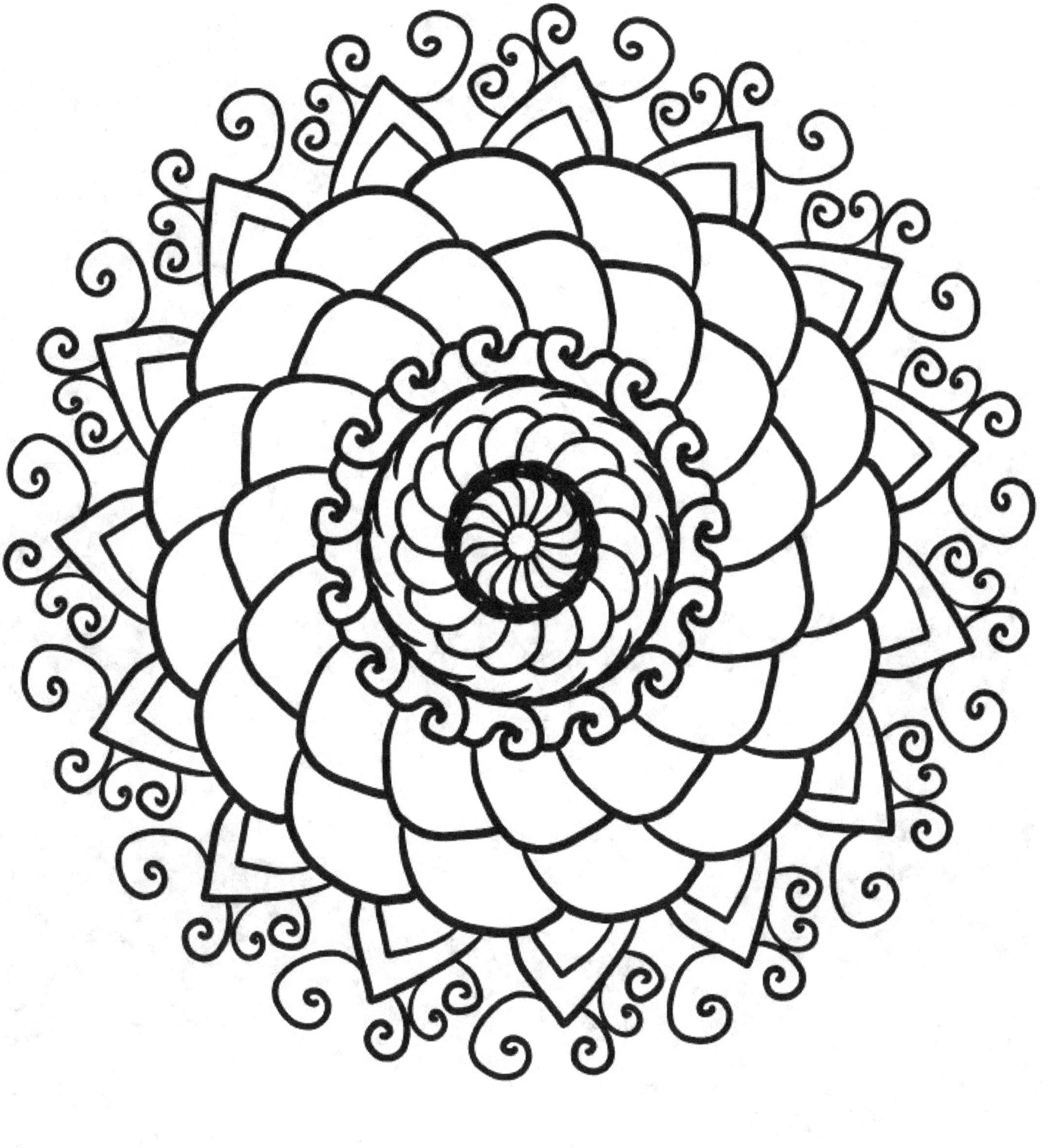

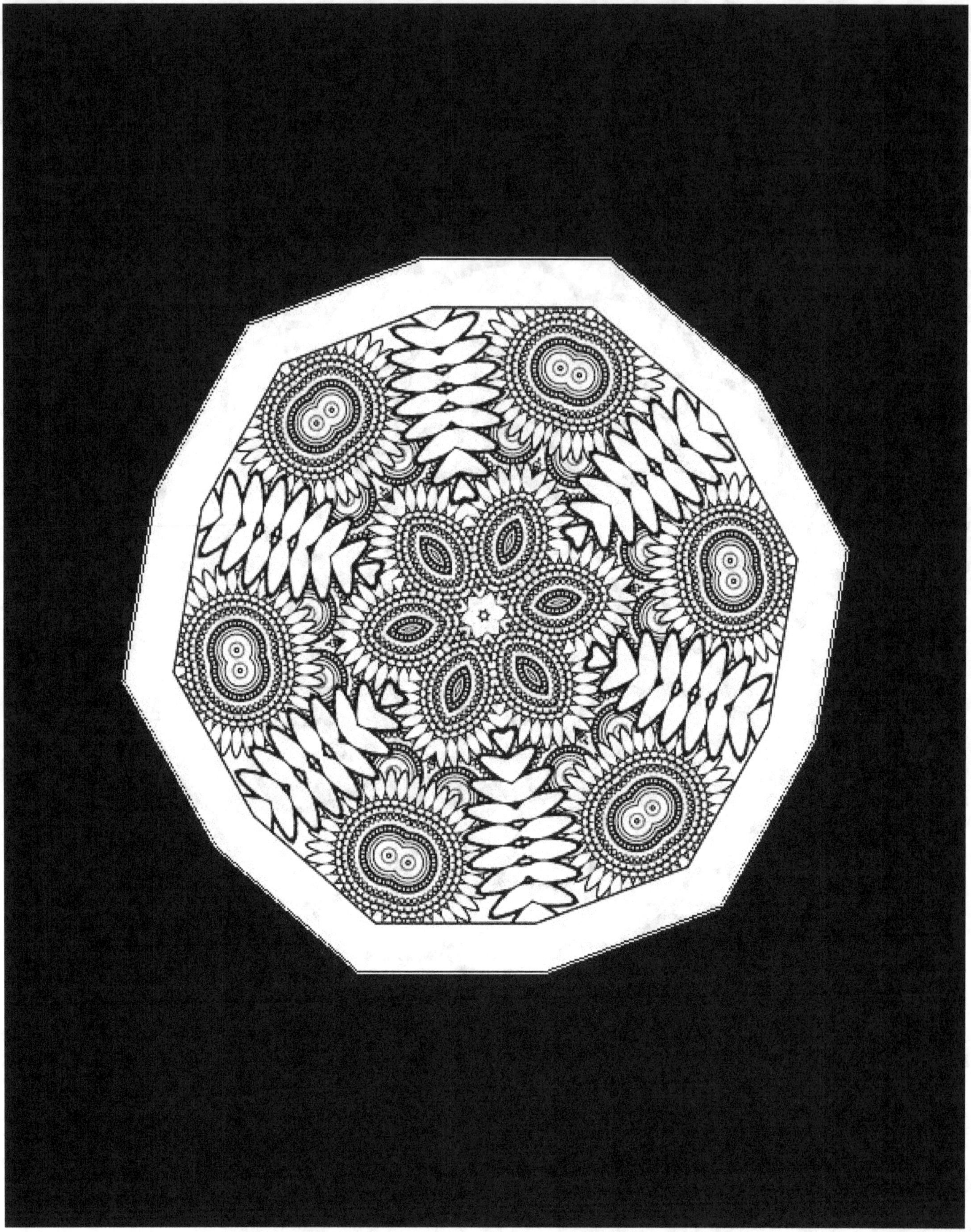

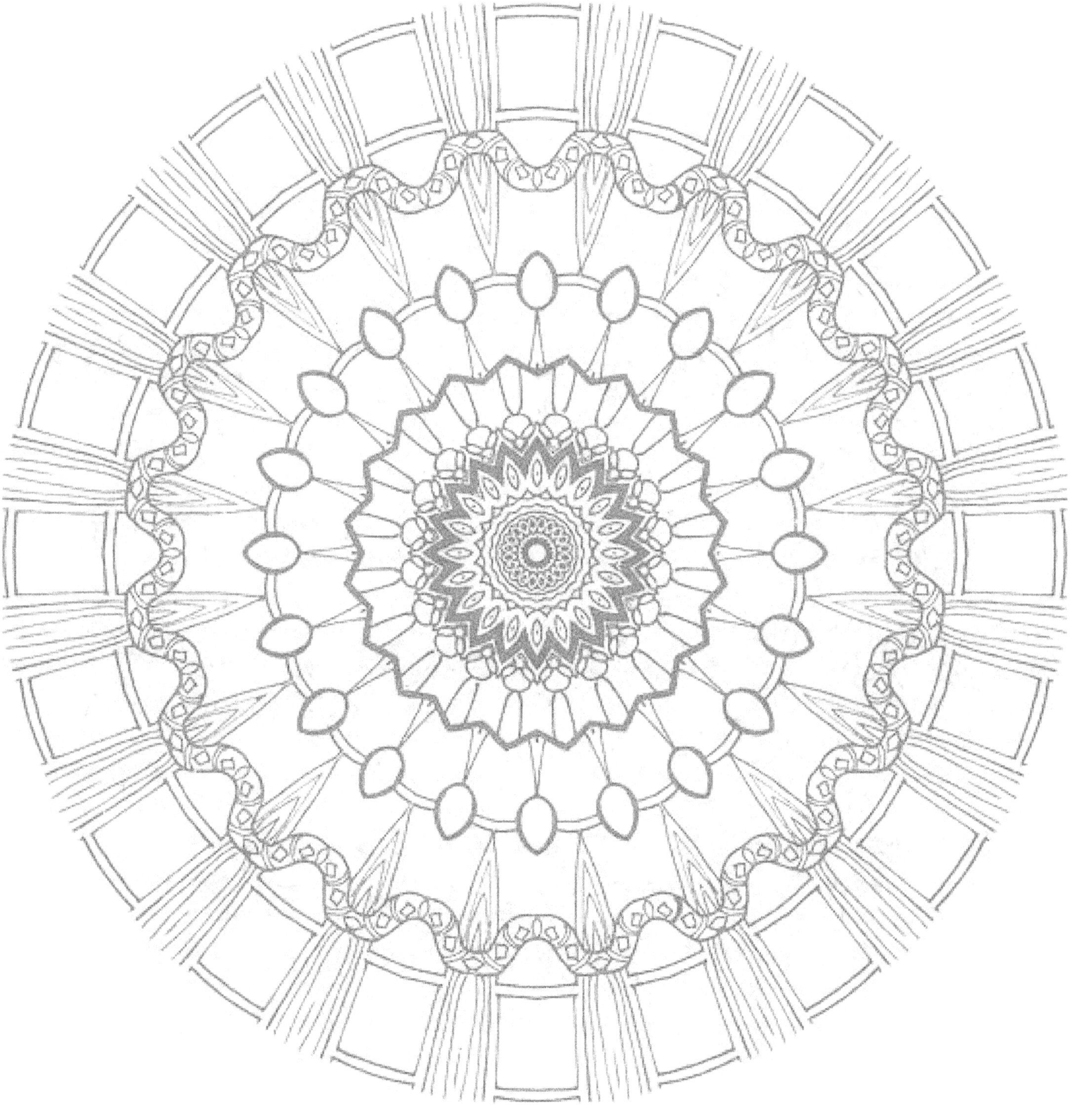

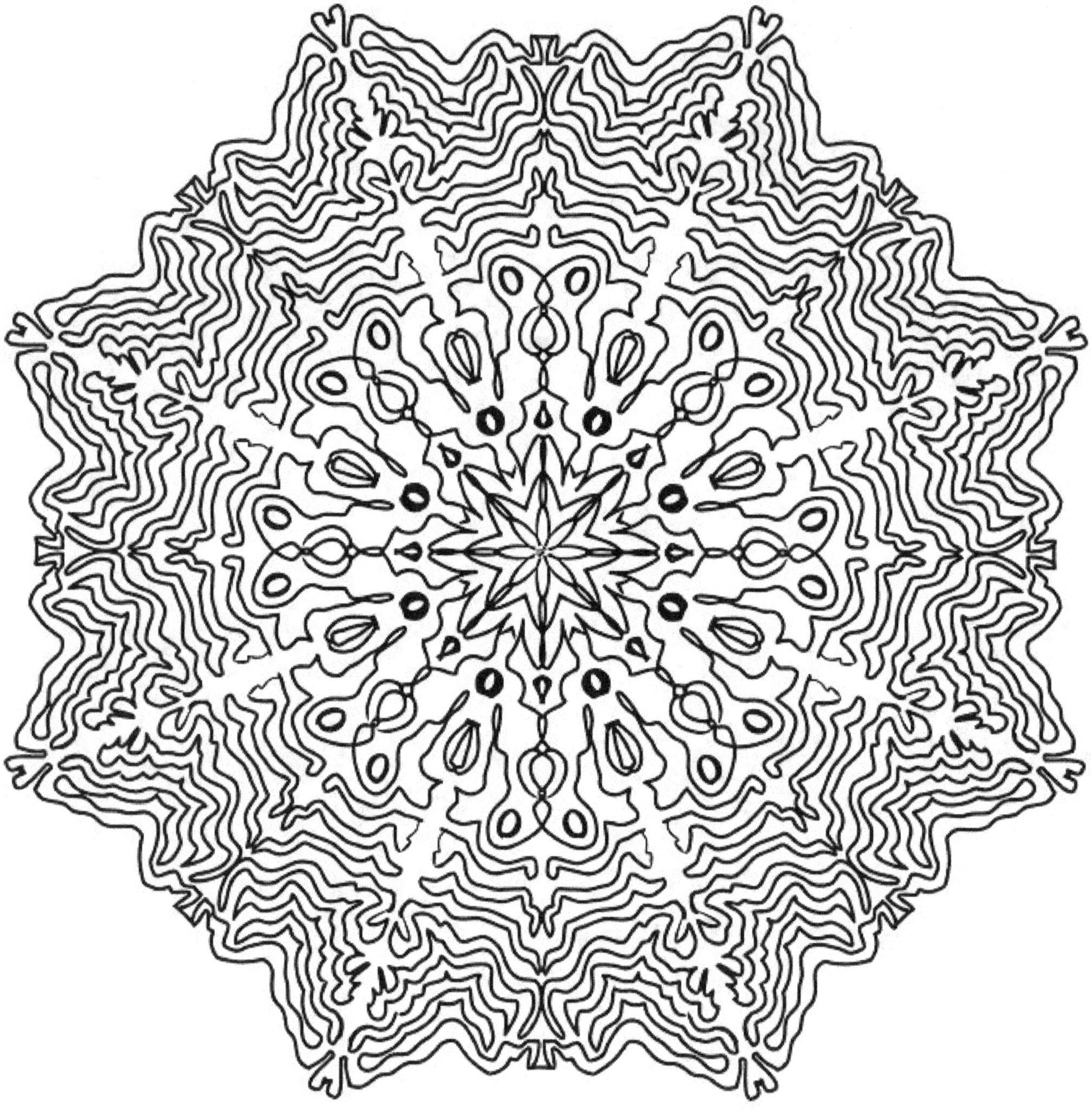

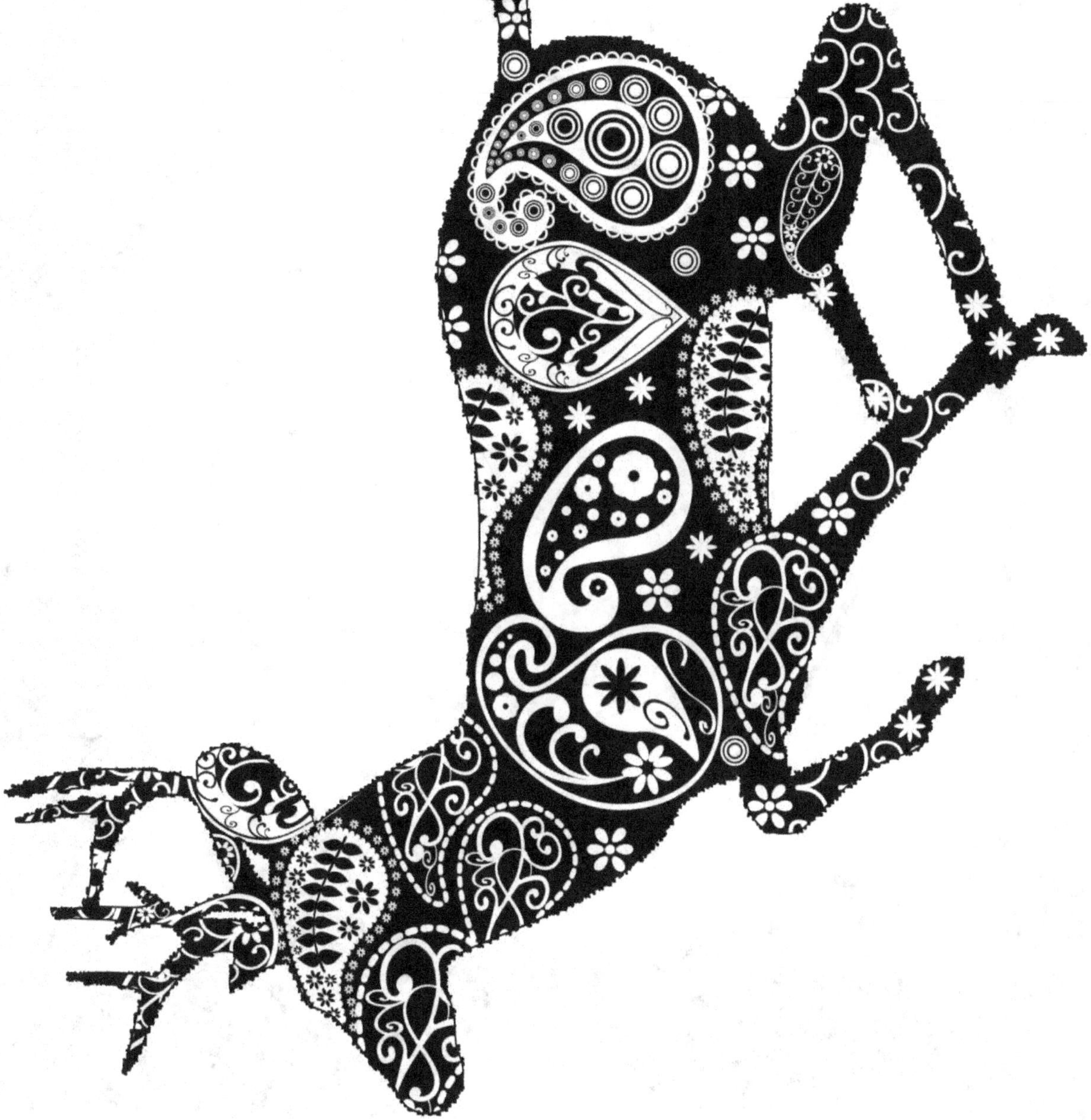

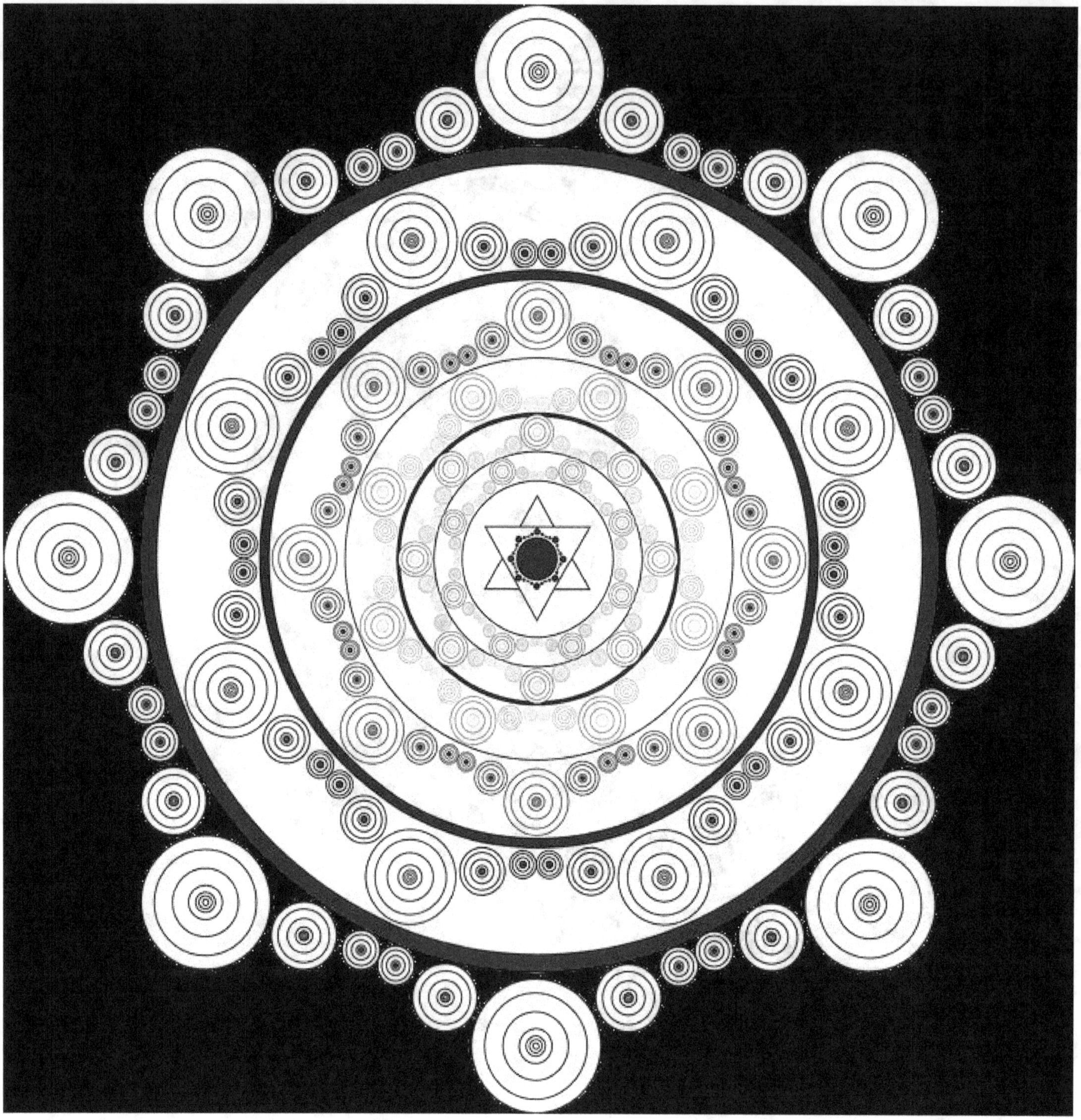

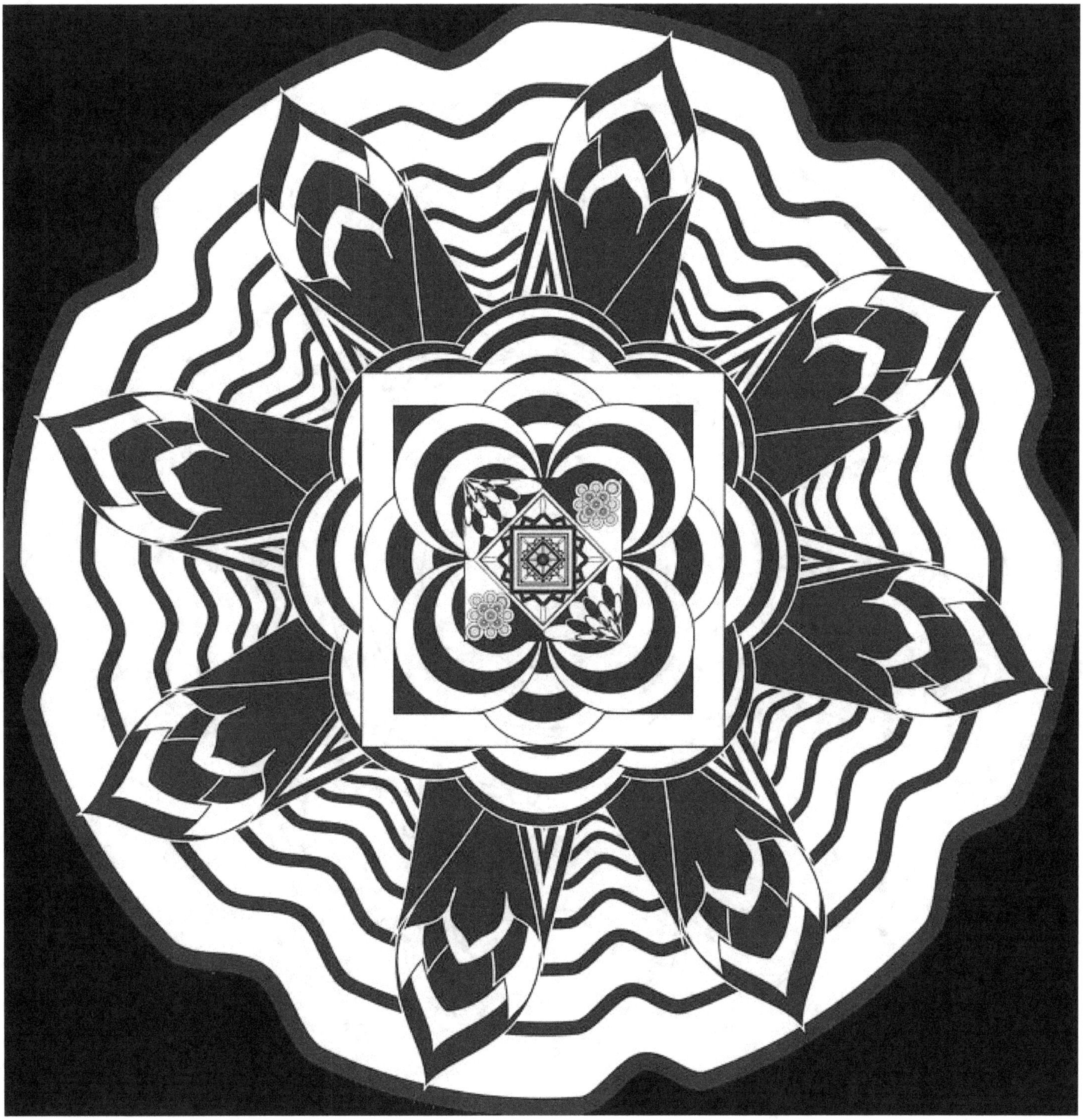

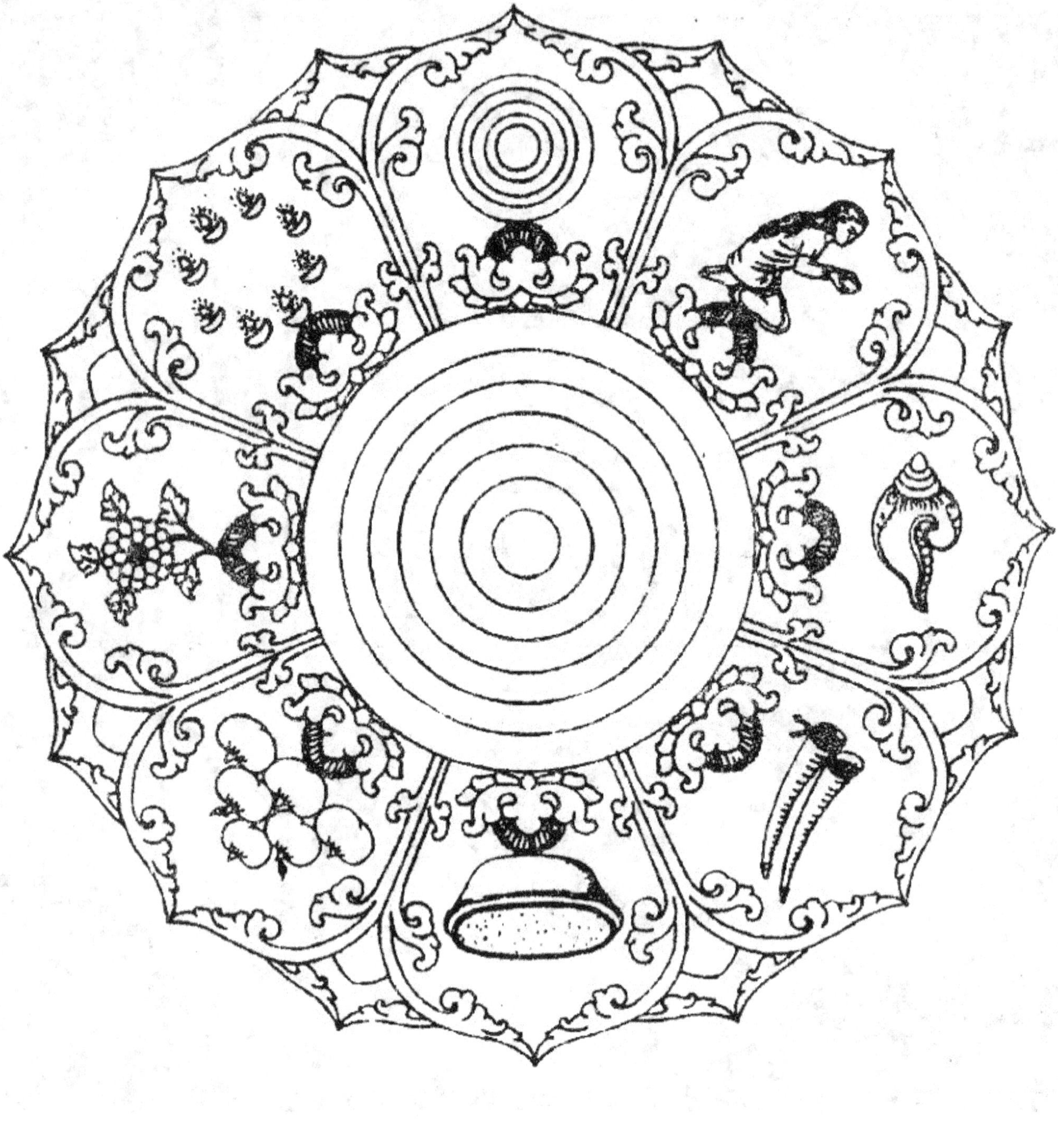

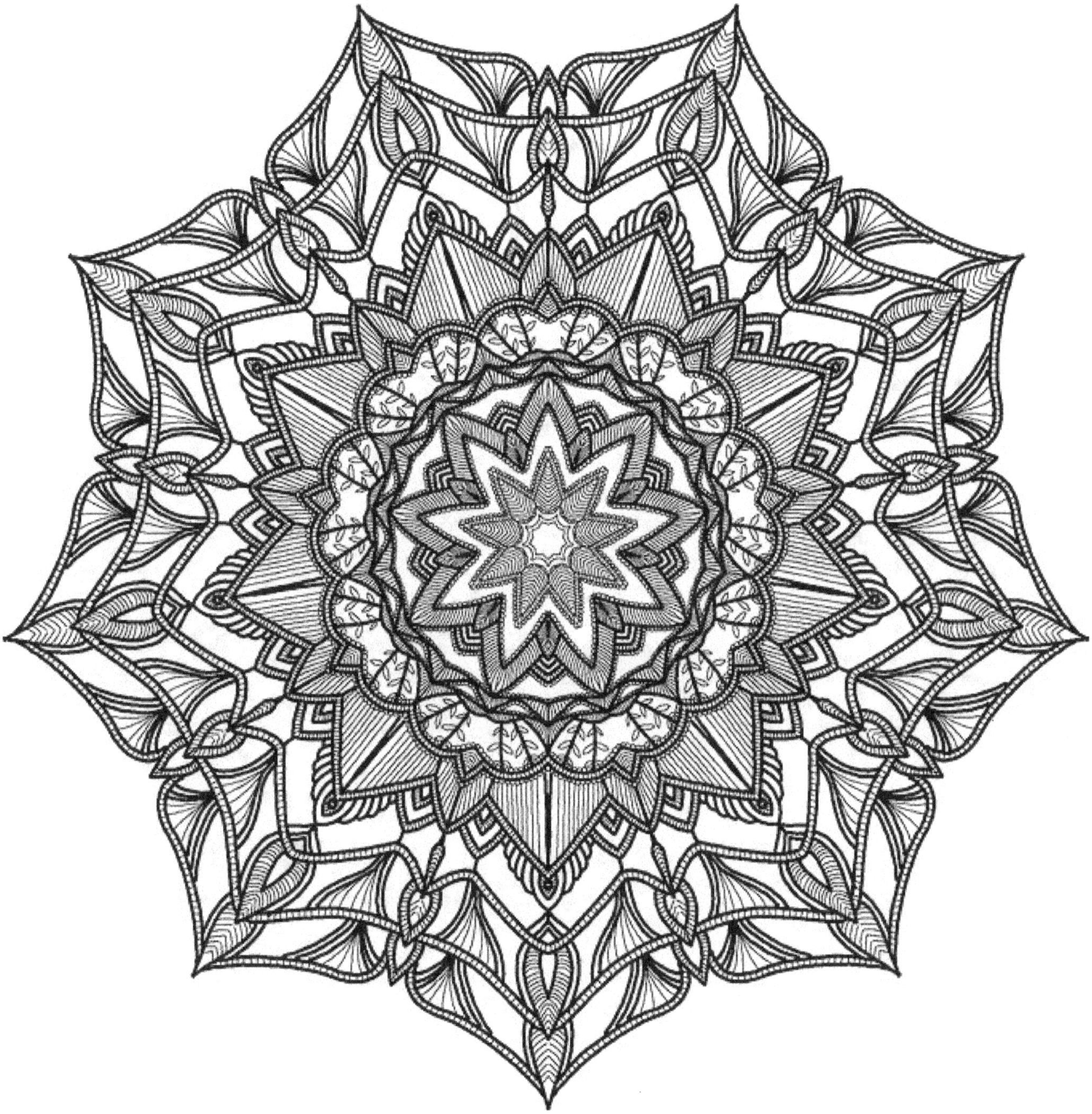

www.ingramcontent.com/pod-product-compliance
Lightning Source LLC
Chambersburg PA
CBHW081134180526
45170CB00008B/3103
* 9 7 8 1 5 4 6 5 1 2 7 0 7 *